Grüße aus dem Tattersaal

Wir sitzen im Rollstuhl und
fletschen die Zähne

Udo Wanke-Kreh und Helga Wanke

Grüße aus dem Tattersaal
Geschäfte mit dem Tod

Bibliografische Information der Deutschen Nationalbibliothek:
Die Deutsche Nationalbibliothek verzeichnet diese Publikation in der Deutschen Nationalbibliografie, detaillierte bibliografische Daten sind im Internet über http://dnb.dnb.de abrufbar.

© 2015 Udo Wanke-Kreh und Helga Wanke
Herstellung und Verlag: BoD – Books on Demand, Norderstedt
ISBN: 978-3-7347-6396-0

Inhalt

Die kleine blaue Blume	9
Tête-à-tête	12
Trotzreaktionen	33
Das politische Debakel mit der Sterbehilfe	37
Argumente der Gegner der Sterbehilfe	65
Ein Hundeleben	78
Seemannsgarn	122
Meinungsbeitrag eines Namenlosen	130
Das Wort zum Totensonntag	132
Literaturauswahl	136

Erstes Vorwort

Wir freuen uns, Ihnen erfrischend und aufgelockert die Hintergründe der Debatte zur Sterbehilfe und Altenhilfe aufdecken zu können. Unser Vorschlag, jedem Bundesbürger gerecht zu werden, ist ein Eintrag, eine Code-Nummer im Personalausweis. Diese Code-Nummer kann im Bedarfsfall abgerufen werden. Jeder kann **freiwillig** seine Willenserklärung für seinen Sterbewunsch, seinen Lebensabend und für Notfallsituationen hinterlegen. Ein Missbrauch wäre ausgeschlossen. Auf diese Weise ließe sich der Streit über die Sterbehilfe und Altenhilfe, mit dem Grundgesetz im Einklang, noch in diesem Jahr beilegen. Verweigern Regierung und Parteien sich diesem salomonischen Vorschlag, wählen wir sie ab!
Geneigte Leserinnen und Leser, wir leisten mit dieser Broschüre unseren Beitrag zur Aufklärung. Ihre Wählerstimme entscheidet, wie es weitergeht.

Zweites Vorwort

Anna: „ Wir wollen mehr Demokratie wagen. Willys Worte elektrisierten uns. Aufbruch, Ausbruch aus dem Muff der restaurativen Jahre. Freiheit? Nicht alles ist uns geglückt. Heute haben wir nicht einmal die Freiheit, so zu sterben, wie wir wollen."
Michel: „Wieso?"
Anna: „Nach Willys Wagnis kam schließlich Angelas ‚marktkonforme Demokratie'. Bankenspekulation, Profitgier, forcierter Konsumanreiz."
Michel: „Wie ist das zu verstehen? Hat sie da nicht etwas verwechselt?"
Anna: „Klar! Es muss ‚demokratiekonformer Markt' heißen. So fordert es unser Grundgesetz. Menschenwürde, Freiheit des Bürgers, unantastbare Grundrechte. All das wird jetzt auf dem Markt feilgeboten. Der Bürger wird telefonisch überwacht, er darf sich nicht mehr frei versammeln, nicht frei sterben."
Michel: „Meinst du? Wohin soll uns das führen?"
Anna: „Na, dann lies mal die folgenden Geschichten."

Die kleine blaue Blume

In einem tiefen tiefen Wald, in der Krone des ältesten Baumes, lebte eine kleine blaue Blume. Der Wind hatte einst ein Samenkorn in ein Astloch geweht, und die kleine blaue Blume fand darin genau so viel zum Leben, wie sie brauchte. Auch der Baum freute sich über seinen kleinen Gast, saugte er doch alle Feuchtigkeit mit seinen Wurzeln aus dem Astloch, so dass keine Fäulnis in den Stamm gelangen konnte.

Die kleine blaue Blume räkelte sich den ganzen Tag in der Sonne und wenn es ihr zur Mittagszeit zu heiß wurde, schlenzte sie ihre Blüte unter ein schattenspendendes Blatt.

Sie war eine neugierige Blume und hatte die Gabe, alle Sprachen der Natur zu verstehen. Sie konnte mit den Staubkörnchen reden, die im Sonnenlicht tanzten, mit den Tieren und Pflanzen und sogar mit den Steinen, dem Wind und der Luft.

Einmal fragte sie eine Wolke: „Woher kommst du?" Und die Wolke erzählte ihr von dem großen Wasser, das durch die Sonne erwärmt wird, und wie sie aus dem Wasser aufsteigt und von dem Wind durch die Lüfte getragen wird. Wie sie dann, wenn es kälter wird, anfängt zu frieren und als Schnee oder Regen vom Himmel fällt. Wie sie die Tiere und Pflanzen speist, auf Felder verteilt wird, durch Rohre zu den Menschen fließt, Regenschirme aufspannt, im Erdreich versickert und als Quelle, Bach, See oder Fluss wieder auftaucht und die Reise zurück ins Meer nimmt, um wieder aufzusteigen.

Ein anderes Mal setzte sich ein alter Rabe neben die kleine blaue Blume und erzählte ihr von seinen Abenteuern. Dass die Erde rund sei und er wieder ganz genau auf diesem Ast lande, wenn er immer geradeaus weiterflöge.

So so, dachte sich die kleine blaue Blume, alles sind also Kreisläufe, und jeder ist anders. Ach, könnte ich doch nur die ganze Welt sehen, aber ich bin hier verwurzelt, und keine Kraft der Erde kann mich versetzen.

An einem schönen Sommertag wurde sie von einer fleißigen gelbschwarz-gestreiften Honigbiene besucht. Diese trank von ihrem Nektar und brachte ihr auf einem Blütenstäubchen einen lieben Gruß von einem Verwandten. Ihr wurde ganz schwindelig vor Freude, sie war unsagbar glücklich und gab der gelb-schwarz-gestreiften Honigbiene ein paar Blütenstäubchen für ihn mit. Es war das erste Mal, dass sie eine Nachricht von ihresgleichen erhalten hatte und sie war ganz aufgeregt, wie das wohl weiterginge. Die beiden blütelten den ganzen Sommer. Im Herbst vergaß die kleine blaue Blume dieses Erlebnis zeitweilig, weil das Leben immer schwerer wurde, der Blumenalltag all ihre Kräfte forderte und sie immer mehr Nahrung benötigte. Sie hätte niemals gedacht, dass sie so viel Licht, Sonne, Wasser und Mineralien aufnehmen

könne, ohne jemals richtig satt zu werden. Dann stellte sie fest, dass ihre Blüte immer fester wurde, dass sie sich zu einer kleinen Kapsel verschloss und alles, das sie nicht unbedingt zum Überleben brauchte, wie von einem Sog erfasst in die kleine Kapsel strömte.
Es war schon Spätherbst. Die bunten Blätter fielen von den Bäumen, und die Zugvögel verdunkelten den Himmel. Da kam ein hungriges Rotkehlchen zu ihr, pickte mit dem Schnabel an die Kapsel, und diese sprang auf. Tausende von Samenkörnchen rieselten auf den Waldboden, wurden vom Wind weggetragen, schwammen auf dem Wasser davon, wurden von den Vögeln aufgepickt, von Fischen verschluckt und von den Tieren des Waldes in ihrem Fell oder Gefieder davongetragen.
Und da erinnerte sich die kleine blaue Blume wieder an die Biene und den Sommer und wusste mit einem Mal, dass sie in der ganzen Welt zu Hause ist. Dass aus jedem Vogelklecks eine kleine blaue Blume wächst, sie selbst. Dass jedes Samenkorn, wo auch immer es fruchtbaren Boden findet, aufgeht und sie es sein wird, die dort wiedererblüht.
Seither gibt es überall auf der ganzen Welt kleine blaue Blumen. Ihr braucht euch nur umzuschauen.

Tête-à-tête

Gestern lag ein kleiner Zeitungsausschnitt in unserem Briefkasten. Fein säuberlich ausgeschnitten, ohne Hinweis woher und von wem. Kurz ins Internet geschaut und wir wussten, der Beitrag stand im Hamburger Abendblatt. Die Journalistin Irene Jung schreibt für diese Zeitung jeden Mittwoch eine Kolumne. Der Zeitungsausschnitt aus unserem Briefkasten hatte die Überschrift: „Für den letzten Weg gibt es 73 Euro pro Tag" und weiter „ Die Diskussion läuft falsch. Für die meisten stellen sich am Ende des Lebens andere Fragen als die Tötung auf Verlangen."

Der Tenor des Beitrages ist das Ablehnen der Sterbehilfe, die Journalistin Jung verweist auf die beiden großen Kirchen der Bundesrepublik.

Hochinteressant sind die Argumente von Frau Jung. Zum Beispiel kritisiert sie die äußerst schlechte Bezahlung der Palliativmediziner. Leider vergisst sie dem Leser zu sagen, wie hoch die Monatsgehälter von Palliativärzten und medizinischen Fachkräften sind. Deshalb kann kein Leser die „Not" und das „Elend" der Palliativmediziner nachvollziehen.

Erschütternd ist die von Frau Jung genannte Zahl von 78 Prozent aller Sterbenden, für die ihrer Meinung nach ganz andere Fragen relevant sind als der Freitod und der Tod auf Verlangen.

Im Umkehrschluss sind folglich für 22 Prozent aller Sterbenden der Tod auf Verlangen oder der Freitod relevant. Gehen wir von 80 000 000 derzeit lebenden Bundesbürgern aus, die fraglos alle sterben werden, denken 22 Prozent von ihnen, das sind 17 600 000, irgendwann im Laufe ihres Lebens an Freitod oder den Tod auf Verlangen. Jeder vierte bis fünfte Bundesbürger. Das gibt zu denken! Dieser hohe Prozentsatz war sogar für uns neu.

Auch die anderen Zahlen und Fakten, mit denen Frau Jung die Sterbehilfe relativiert, finden wir äußerst bedenklich. Sie schreibt: „2013 gab es in der Bundesrepublik 155 Fälle von Tod auf Verlangen beziehungsweise Beihilfe zur Selbsttötung. Rund 10 000 Bürger nehmen sich bei uns pro Jahr das Leben."

Sind das Bagatellen? Sind wir Kieselsteine? Hinter jedem Freitod steht ein Menschenschicksal, Verzweiflung, Not, Hilflosigkeit. Auch fehlt bei Frau Jung ein Hinweis auf die Dunkelziffer bei Freitoden. Sie soll sehr hoch sein. Nur als Andeutung, laut Internet werden jährlich rund 11 000 unnatürliche Todesfälle und 1200 Tötungsdelikte nicht erkannt. Wie viele Freitode wirklich geschehen, wissen wir also gar nicht, sonst gäbe es keine Dunkelziffer. Grobe Schätzungen liegen bei 10 000 unerkannten Freitoden pro Jahr.

Die persönliche Anschauung von Frau Jung zur Sterbehilfe und die von ihr genannten Zahlen und Fakten stehen im krassen Widerspruch. Unser Eindruck: Frau Jung hat sich im Übereifer selbst widerlegt, ohne es zu bemerken. Oder ist es Raffinesse? Spricht sie durch die Blume? Wie dem auch sei, wir Befürworter der humanen Sterbehilfe bedanken uns herzlich bei Frau Jung und beenden damit unsere taktvolle und wohlgesonnene Kritik.

Lieber Unbekannter, hab dank für deine Postwurfsendung. Der Schuss ging wohl nach hinten los? Die besten Argumente für eine humane Sterbehilfe liefern uns unsere Gegner. Deshalb lassen wir sie zu Wort kommen.

Herr Volker Kauder, Unionsfraktionschef im Deutschen Bundestag, sagte unlängst auf der Jahrestagung der Evangelischen Allianz in Bad Godesberg: „Wir müssen klar und deutlich machen – und davon kann es keine Ausnahme geben -, dass das Leben von Gott geschenkt ist", und weiterführend: „Das Geschenk des Lebens kann man nicht zurückgeben."

Unbestritten kann Herr Kauder im Kreis seiner Glaubensgemeinschaft seine persönliche Meinung sagen. Unser Grundgesetz ist für alle Bürger da. Die Glaubensfreiheit ist garantiert. Unvereinbar ist das Glaubensdogma des Herrn Kauder mit seiner Tätigkeit im Parlament.

Als Parlamentarier ist er für alle Bürger da, vom ersten bis zum letzten. Für Christen, Atheisten, Nihilisten, Kommunisten, und alle anderen …isten. Ausgehend von unserem Gesellschaftsvertrag sind wir ein weltlicher Staat, der jeden Bundesbürger einschließt. Danach sind Staat und Kirche in ihren inneren und äußeren Lebenserscheinungen voneinander weitgehend getrennt und unabhängig. Das muss Kauder in seiner Funktion als Unionsfraktionschef akzeptieren und respektieren. Nicht sein Glaube und seine Gesinnung sind im Parlament gefragt, sondern sein Gewissen und die Kenntnis des Gesellschaftsvertrages, also des Grundgesetzes, der Menschenrechte und der Europäischen Menschenrechtskonvention. Nach unserer Rechtslage ist der selbstbestimmte Tod für jeden Bürger ein Menschenrecht. Jeder Bundesbürger hat gemäß Gesellschaftsvertrag das Recht und die Freiheit, selbstbestimmt und eigenverantwortlich sein Leben zu leben und seinen Tod zu sterben. Dieses Recht in einer menschenwürdigen Form dem Bürger zu gewähren, ist die Aufgabe des Gesetzgebers, des Parlaments.

Meine Meinung: Wenn Herr Kauder sich zu Gott bekennt und darin seinen Lebensinhalt findet, so freue ich mich mit ihm, dass der seinen Weg gefunden hat und beglückwünsche ihn dazu. Ebenso erwarte ich von Herrn Kauder, als Spitzenpolitiker und Parlamentarier, dass er meinen Sterbewunsch wenigstens toleriert statt ihn zu kritisieren und verbieten zu wollen. Das verstehe ich unter Menschenwürde in einer pluralistischen Gesellschaft und auch unter christlicher Nächstenliebe und Barmherzigkeit. Hier scheiden sich unsere Geister. Deshalb ist das dogmatische Verhalten von Herrn Kauder für mich unverständlich, unannehmbar und seine Partei nicht wählbar.

Herr Hermann Gröhe (CDU), unser Bundesgesundheitsminister, hat sich viel vorgenommen. Er will die gewerbsmäßige und organisierte Sterbehilfe verbieten und sie auch den Ärzten untersagen. Weiterhin will er die bestehende Patientenverfügung aufweichen. Wer in Zukunft Sterbehilfe leistet, wie auch immer, würde sich strafbar machen.

Geplant ist der Ausbau der palliativmedizinischen Versorgung für Todkranke durch häusliche Betreuung und Hospize. Zum Finanzieren der

Altenpflege will Herr Gröhe einen Zukunftsfonds einrichten und dafür den Satz der Pflegeversicherung erhöhen. Das alles entspricht auch der Linie der Schwesternpartei CSU, wie die CSU-Landesleitung, München, bestätigt. Die christlichen Kirchen begrüßen und fördern diese Vorhaben. Große Worte! Wir erlauben uns, Bedenken anzumelden.

Wir Tattergreise sterben jetzt, heute, zu jeder Stunde, was nutzt uns ein Zukunftsfonds, und wem soll er etwas bringen? Kein Mensch kann in die Zukunft schauen. Was ist in 20 oder 30 Jahren? Ein Rückblick in jüngste Zeit zur Ernüchterung: Wer hat die friedliche Wiedervereinigung Deutschlands und den Zusammenbruch des Kommunismus vorausgesehen? Danach brach Freude aus in der westlichen Welt. Uns wurden goldene Zeiten prophezeit. Die Globalisierung, unter der klugen Führung der Westmächte, würde alle Probleme spielend lösen.

Was wurde daraus?! Von Gibraltar, entlang des Mittelmeeres bis zur Türkei, steht der Orient in Flammen. In der Ukraine Bürgerkrieg mit indirekter Beteiligung der Großmächte. Europa überspannt von Rettungsschirmen. Über den USA kreist der Pleitegeier. In Mittelamerika und Südamerika geben sich Verbrecherorganisationen und Guerilla die Hand, es herrschen Armut und Elend. In Afrika Hungersnot, Terror, Armut, Religionskriege, Massenmorde (Tutsi, Boko Haram), Epidemien, Elendsflüchtlinge. In fast allen Staaten innere Unruhen mit Gewinnern und Verlierern. Noch nie gab es so viele Arme und Milliardäre gleichzeitig auf der Erde. Weltweit haben die Bürger das Vertrauen in ihren Staat verloren. Ohne dieses Vertrauen ist letztlich kein Staat regierbar.

Unbeeinflusst von alldem beglückt die CDU/CSU uns Tattergreise mit einem Zukunftsfonds. Was für ein Hohn! Wir brauchen eine Sofortfonds, keine albernen Sprüche und Beteuerungen. Am Geld mangelt es ganz gewiss nicht. Eine Bilanz, Herr Gröhe, würde offenbaren, wo die Milliarden im Gesundheitswesen versickern. Einige Hinweise schenken wir Ihnen:

o Wir Opas und Omas sind Weltmeister im Pillenschlucken. Wie viel verdient die Pharmaindustrie daran? In der Zeitung stand jüngst ein

Artikel der AOK über ein neues Medikament gegen Hepatitis. Die Herstellungskosten wurden auf 100 Euro für einen Behandlungszyklus geschätzt und bei der AOK zu einem Preis von 60 000 Euro abgerechnet. Fällt ein Medikament aus dem Patentschutz, nimmt es der Hersteller aus dem Programm. Häufig taucht es dann, unter anderem Namen, spottbillig in Indien oder China auf. Es gibt nichts dagegen einzuwenden, dass die Pharmaindustrie gut verdient, das ist ein Forschungsanreiz. Doch die Verhältnismäßigkeit muss gewahrt bleiben, sieh Art 14(2) Grundgesetz.

o Wir Opas und Omas sind mit unseren Zipperlein die besten Kunden bei Ärzten, in Krankenhäusern und medizinischen Einrichtungen. Die Krankenkassen können das bestätigen. Wie viele zweifelhafte Behandlungen und Medikamente werden verschrieben? Verschleiß lässt sich nicht heilen, vieles sind teure Placebos und Trostpflästerchen. Würde das Überflüssige wegfallen, wie Schönheitsoperationen, ließen sich Milliarden einsparen. Womöglich müssten einige windige Einrichtungen sich reformieren oder in Liquidation gehen.

o Wie hoch sind die Gewinne der Hersteller von medizinischen Geräten, Wegwerfartikeln und Hilfsmitteln für Pflegepatienten? Wie hoch ist die Handelsspanne für Waren und Dienstleistungen im Gesundheitswesen? Wie viel wird für Überflüssiges ausgegeben, damit der Etat nicht gekürzt wird?

o Wie viel Geld wird für unnötige Instandhaltung, Modernisierung, Verschönerung, Neu- und Ausbauten zur Werterhöhung der Immobilien verpulvert? Wer saniert hier wen, die Pflegeperson den Eigentümer der Einrichtung oder umgekehrt?

o Wie viel Prozent aller Ausgaben im Gesundheitswesen kommen effektiv bei den Pflegepersonen und Pflegepersonal an? Uns erwartet eine Versorgung nach Stoppuhr und Checkliste. Beispielsweise: Grundpflege mit An-/Auskleiden, Waschen, Duschen, Mund-/Zahnpflege = 26 Minuten; Hilfe beim Aufsuchen und Verlassen des Rollstuhls und Maßnahmen zum situationsgerechtem Liegen und Sitzen = 4 Minuten. So geht es über 50 Positionen und mehr. Unsere Pfleger sind häufig unterbezahlte, angelernte, überforderte Hilfskräfte, mitunter ohne ausreichende Deutschkenntnisse.

Soviel zum Geld und Spielraum, Herr Gröhe und Konsorten. Außer Spesen nichts gewesen! Wir Tattergreise sind die Goldesel einer korrupten Sterbeindustrie, die uns bis über den Tod hinaus, mit Selbstbeteiligung, abzockt und die Allgemeinheit für die Ärmsten aufkommen lässt. Wir haben unsere Kinder nicht in die Welt gesetzt, damit sie von ihren paar sauer verdienten Kröten für unser Siechtum und unsere Beerdigung aufkommen, nur um das Konsumkarussell immer schneller kreisen zu lassen.

Was steckt hinter dem großmäuligen Ausbau der Palliativmedizin, die Herr Gröhe wie Sauerbier anpreist? Erst einmal zur Definition: Die Palliativmedizin ist die ganzheitliche Behandlung von Patienten … mit begrenzter Lebenserwartung … (sieh: WHO, Weltgesundheitsorganisation). Die Palliativmedizin soll uns die letzten Tage und Wochen versüßen, nur sehr selten Monate und mehr. Wird so das Problem der Überalterung der Gesellschaft gelöst? Für die letzten Tage und Wochen wäre es sinnvoller, Todkranke in speziellen Abteilungen bereits vorhandener Rehabilitationszentren zu begleiten. Dort arbeiten wenigstens Vollprofis, die sich mit Geist, Körper und Medikamenten exzellent auskennen. Was helfen uns denn die barmherzigen Samariter in den christlichen Hospizen oder gar zu Hause? Das ist nichts weiter als Augenwischerei und Geldschneiderei! Die palliativmedizinische Versorgung ist derzeit die teuerste Betreuung, sie kostet mindestens das Fünffache der Betreuung im Altenheim, 6000 bis 7500 Euro im Monat. Deshalb schwärmen die Kirchen von Hospizen. Derzeit übernehmen die Kassen noch nicht einmal die Kosten der Übernahme eines Altenheimpflegefalls in ein Hospiz. Außerdem hängt der Ausbau der palliativmedizinischen Versorgung weit hinter dem Bedarf zurück. Nach der Stiftung Patientenschutz erhalten nur 16 Prozent der Todkranken die Unterstützung, die sie brauchten. Und wer will sie überhaupt? Schon bei dem Wort Hospiz läuft uns eine Gänsehaut über den Rücken. Das klingt nach Beten, Weihwasserklistieren und Bundestagsdebatte. Da fragen wir uns unwillkürlich, wie soll uns ein Gesetz helfen?

Erst wenn ein realisierbares, durchfinanziertes Konzept für die palliativmedizinische Versorgung vorliegt, kann ein Gesetz folgen. Ein Gesetz ohne Konzept ist bestenfalls ein Prozent der Arbeit, die 99 Prozent Umsetzung fallen leider nicht vom Himmel. Woher nehmen Sie das Fachpersonal für die neuen Hospize und die häusliche Pflege? Ab wann sind die neuen Hospize verfügbar? Das wollen wir vorher wissen. Alles andere ist Pipifax! Die ganze Idee ist verlogen, im Hintergrund geht es um neue Pfründe für die Kirchen und das Vertagen des Problems. Und wie wollen Sie, Herr Gröhe und Konsorten, mit neuen Hospizen und palliativmedizinischen Stationen das Problem der Sterbehilfe lösen? Wollen Sie auf diese Weise die gewerbsmäßige und organisierte Sterbehilfe verhindern? Den Ärzten die Sterbehilfe untersagen? Die Sterbehilfe unter Strafe stellen und die bestehende Patientenverfügung abschaffen? Was bieten Sie uns Befürwortern der Lebenshilfe (Sie nennen es Sterbehilfe) als Alternative an? Eine Zwangseinweisung ins Hospiz?

Wenn unser Staat noch nicht einmal meinen persönlichen Sterbewunsch erfüllt, spielt es für mich keine Rolle, ob ich gegen meinen Willen vergast (Helium ist übrigens sehr human) oder palliativmedizinisch entsorgt werde. Was unterscheidet dann noch die Bundesrepublik, im Prinzip, vom 3. Reich? Ich werde gemäß Staatswillkür und Kirchendogma bevormundet, entmündigt und entwürdigt. Mit Ihren Vorhaben, Herr Gröhe, so wie angekündigt, verstoßen Sie nicht nur gegen unser Grundgesetz sondern alle naturwissenschaftlichen und geisteswissenschaftlichen Erkenntnisse seit der Steinzeit.

Zum besseren Verständnis erkläre ich an einem Beispiel was ich meine. Ich zitiere einen schlichten alten Mann:

„Ich bin unheilbar an Krebs erkrankt und amtlich auf Lebenszeit zu 100 Prozent schwerbehindert. Aus meiner persönlichen Situation fasste ich den Entschluss: Solange ich mich selbst versorgen kann, spazieren gehen, schreiben und denken, ist meine Leben für mich lebenswert. Ist das nicht mehr möglich, scheide ich aus dem Leben, notfalls helfe ich nach.

Am liebsten wäre mir ein Schlummertrank, wie ihn die Apotheken in den Niederlanden mixen. Für diesen Schlummertrank werden 9 Gramm flüssiges Natrium-Pentobarbital in Wasser, Propylenglycol und Alkohol aufgelöst. Dazu kommt, um den bitteren Geschmack zu mildern, Sacharin, Sirup und Anisaroma. Alles zusammen ergibt rund 100 ml (0,1 Liter), also ein kleines Weinglas voll. Vor der Einnahme ist ein geeignetes Antibrechmittel nach Anweisung einzunehmen, um Aufstoßen oder Erbrechen zu vermeiden. Mein Wunschtod wäre, mich bequem ins Bett zu setzen, ein paar Kissen im Nacken, so dass ich gut trinken kann und meinen Schlummertrank auszutrinken. Nach ein paar Minuten schlafe ich friedlich ein und wache nicht mehr auf. Medizinisch ist das problemlos, und was spricht dagegen?

Was ist daran verwerflich? Was verstößt gegen die Sitte und unseren Gesellschaftsvertrag? Wer will, kann, darf mir meinen Wunschtod verbieten oder vermasseln? Was ist mein Vergehen, wem schade ich mit meinem Wunschtod, was ist daran strafbar? Sagen Sie es mir, Frau Merkel, Herr Gröhe und Konsorten.

Vor 38 Jahren beging ich einen Mord. Ich erschlug ein Eichhörnchen. Es war überfahren worden, die Hinterläufe waren zerquetscht, aber es lebte noch und versuchte mit den Vorderläufen zu fliehen. Ich nahm meine Axt und schlug ihm blitzschnell den Kopf ab. Spontan ohne zu zögern. Danach begrub ich das Eichhörnchen am Straßenrand. Dieser Mord hat mich lange und intensiv beschäftigt. Es ist schwieriger ein Lebewesen zu töten als darüber zu reden. Meinem Hund, er lebt noch, habe ich versprochen, dass er eingeschläfert wird, wenn er sich nur noch quält. Ich rufe den Tierarzt, nehme meinen Hund in den Arm und schmuse mit ihm, bis es vorbei ist. Er ist bereits 15 Jahre alt, und wir machen noch jeden Morgen eine kleine Radtour. Ganz langsam, zwei bis vier Kilometer mit Pause, dann esse ich einen Apfel und er bekommt Wasser. Als er noch jünger war, legten wir jeden Morgen 25 bis 30 Kilometer zurück, mit zwei kleinen Pausen. Vor ein paar Tagen rannte eine Katze vor uns davon. Wie früher spurtete er los, der Hetztrieb war ausgelöst. Nach 20 Metern fiel er um, die Hinterläufe kamen nicht mit. Er sah mich verdutzt an, als wollte er sagen: Was war denn das? Dann stand er auf und wir zuckelten weiter. So ist das Leben.

Wenn ein Christ nach seinem Glauben lebt und stirbt, finde ich das völlig in Ordnung, es ist sein Leben. Das gilt ebenso für jeden Andersgläubigen, ob Atheist, Muslim, Nihilist, und wen auch immer. Wir glauben alle ohne Ausnahme. Der Glaube an das Nichts ist auch nur ein Glaube, wer weiß, was Nichts ist?

Leider ist mein skizzierter Wunschtod nur ein Wunschtraum. Noch nicht einmal ein Arzt kann sich heute in der Bundesrepublik Natrium-Pentobarbital besorgen.

Ein zurzeit noch gangbarer Weg ist ein Beratungsgespräch mit einem erfahrenen Sterbehelfer und Arzt. Das sind keine bösen, raffgierigen Menschen wie propagiert wird, sondern aufgeschlossene, verständnisvolle Humanisten. Ein angemessenes Beraterhonorar sollte selbstverständlich sein. Die Kontaktaufnahme kann über Sterbehilfeorganisatoren erfolgen, beispielsweise die Deutsche Gesellschaft für Humanes Sterben e.V. (DGHS) oder der Humanistische Verband Deutschlands (sieh Literatur im Anhang).

Der Sterbehelfer gibt Informationen und Ratschläge für das Vorbereiten und Durchführen des selbstbestimmten Freitodes. Das betrifft das Beschaffen der richtigen Medikamentenkombination, die Vorbereitung des Magens mit geeigneten Antibrechmitteln bei oraler Einnahme, die richtige Einnahme der Medikamente und die Sicherstellung, dass lebensrettende Maßnahmen unterlassen werden. Eine Beratung und Information sind nicht ungesetzlich oder strafbar. Kein Staat kann sie verhindern oder verbieten. Deshalb ist die derzeitige Debatte über die Sterbehilfe lächerlich, eine Blamage für die meisten Parteien und Parlamentarier. Wir sollten ihnen bei Wahlen die Quittung dafür präsentieren.

Wer aufgrund seiner Lebenseinstellung den Freitod erwägt, sollte sich, solange er noch handlungsfähig und geschäftsfähig ist, darauf vorbereiten. Für viele ist es ein wunderbares Gefühl, ein solches Faustpfand zu haben. Ein Sterbeset in Reichweite belebt. Um allen Eventualitäten vorzubeugen, sollte man eine Person seines Vertrauens einweihen, die einen unterstützt. Es könnte ja sein, dass man durch einen Schlaganfall hilflos geworden ist und ohne Freunde zum Spielball von Ärzten und Pflegeeinrichtungen wird.

Was bieten Sie, Herr Gröhe, und Ihre Partei uns Befürwortern der Lebenshilfe (für Sie Sterbehilfe) als Alternative zur gewerbsmäßigen, organisierten, verfügten (Patientenverfügung) und individuellen Sterbehilfe an? Bisher werfen Sie uns nur Knüppel zwischen die Beine. Sogar die besten Medikamente für einen Freitod wurden aus dem Handel genommen. Brauchbare Informationen zur Sterbehilfe sind reine Vertrauenssache unter Gleichgesinnten. Man muss schon sehr rege und aufgeschlossen sein, um überhaupt an Informationen zu kommen. Kaum wird irgendetwas öffentlich, ist es, wie von Zauberhand, aus den Apotheken verschwunden. Zum Beispiel das Medikament Paspertin, Tropfen gegen Übelkeit, die von Sterbewilligen mit empfindlichem Magen bevorzugt vorbeugend eingenommen wurden. Empfehlung: 30

Minuten vor dem Scheidebecher 50 Tropfen. Mehr sage ich lieber nicht dazu, würde ich ein Ersatzmedikament nennen, wäre es schnell vom Markt verschwunden. Aber jeder kann sich vom Arzt etwas verschreiben oder vom Apotheker empfehlen lassen. Besser noch, er fragt einen erfahrenen Sterbehelfer.

Was Sie bisher an Alternativen vorgeschlagen haben, Herr Gröhe, ist an Einfalt nicht zu überbieten. Unsere Empfehlung: Richten Sie als Modellversuch ein Hospiz für Parlamentarier der Bundesrepublik ein. Werten Sie die Ergebnisse gewissenhaft aus und beglücken Sie uns Bürger erst dann damit, wenn ihr Modellversuch ein voller, nachprüfbarer Erfolg ist. Bis dahin gewähren Sie jedem Nichtparlamentarier seinen Wunschtod. Wir sind noch nicht reif für Ihre tollen Ideen.

Herr Frank Ulrich Montgomery, Präsident der Bundesärztekammer, ist ein erklärter Gegner der Sterbehilfe. Er wurde vom Deutschen Ärztetag gewählt und entspricht folglich mehrheitlich dem deutschen Ärztegewissen. Zwei Drittel aller Ärzte der Bundesrepublik sind, laut Umfragen, strickte Gegner der Sterbehilfe. Ein Drittel befürwortet die Sterbehilfe in Ausnahmefällen. Nur sehr wenige Ärzte sind bereit, brauchbare Informationen zur Sterbehilfe zu geben, also beispielsweise über geeignete Medikamente und ihre Anwendung. Ausschlaggebend ist das Vertrauensverhältnis zwischen Arzt und Patient oder Interessent.

Alle Ärzte berufen sich auf den Eid des Hippokrates, das ist ihr Ehrenkodex. Ob der Eid tatsächlich von Hippokrates stammt, ist allerdings ebenso unsicher wie die unbefleckte Befruchtung der Jungfrau Maria. Doch so ein Eid ist ein gutes Alibi, gar nicht erst über Tod und Leben nachdenken zu müssen. Ich erinnere an den Fahneneid. Offenbar ist unseren angepassten Ärzten entfallen, dass wir nicht mehr in der Antike leben. Zur Zeit des Hippokrates gab es rund 100 bis 150 Millionen Menschen auf der Erde, und es wurde jung gestorben. Heute sind wir rund 7,5 Milliarden und werden im Schnitt doppelt so alt wie damals. Doch wen interessiert das schon, höchstens die Leichenfledderer.

Wir Befürworter der Lebenshilfe können von den Ärzten kaum Zuspruch erwarten. Ihr Standesdünkel, ihr Ehrenkodex und die Tradition schließen das bedauerlicherweise aus. Sie begreifen nicht, dass für uns „Nicht-Montgomerys" der frei bestimmte Tod echte Lebenshilfe und Lebenstrost ist. In diesem Sinne sind auch wir Befürworter des Freitodes überzeugte Anhänger des Hippokrates, sozusagen vom anderen Ufer. Unser Bekenntnis zum Eid des Hippokrates ist unser Angebot an die Ärzteschaft. Leben und Tod sind nur eine Frage des Blickwinkels – es gibt lebende Tote und tote Lebende! Oder medizinisch, ein negativer Befund ist für den Patienten positiv und umgekehrt.

Wir sind stolz auf unsere Ärzte, werden aber von ihnen im Stich gelassen, wenn wir unsere Lebensgrenze erreicht haben und mit ärztlicher Hilfe sterben wollen. Friedlich sterben zu dürfen ist, bei der heutigen Tabuisierung des Freitods, ohne sachkundige Ärzte und Sterbehelfer fast ausgeschlossen. Und das in Anbetracht des heutigen Standes in der Medizin. Unsere Pharmaindustrie könnte problemlos und sofort Brausetabletten, Pulver und Injektionslösungen mit leicht verständlicher Gebrauchsanweisung anbieten und jedem Bürger seinen persönlichen Wunschtod ermöglichen. Wir würden auch den tausendfachen Herstellungspreis eines Sterbesets unserer Wahl aus der eigenen Tasche bezahlen. Das wäre immer noch billiger als eine Woche Hospiz.

Reich mir die Krücke

Der erste zog als Soldat in den Krieg und kam zurück als Invalid.

Die zweite frönte dem Leistungssport
im Rollstuhl nannte sie es Mord.

Den dritten schnitt man welch ein Graus
als Blinden aus dem Auto raus.

Die vierte gab dem Schnaps sich hin
Zirrhose raffte sie dahin.

Den fünften hat ein Arzt versaut
dem er allzuviel zugetraut.

Die sechste litt schon seit Geburt
an Asthma und an Atemnot.

Der siebente ging zum Psychologen
der hat ihn fürchterlich verbogen.

Nur ein Paar, das war kerngesund
es war ein Kunstprodukt aus Glas.

Doch als es seinen Schöpfer sah
erschrak es und zerbrach!

***

Liebe Ärzte, denken Sie wenigstens einmal in Ihrem Leben darüber nach, ob eine gewünschte Sterbehilfe für Ihre Patienten nicht beglückender wäre als ein unerträgliches Siechtum. Es ist auch nicht die feine Art, einen austherapierten Todeskandidaten in ein Hospiz oder Altenheim zum Sterben abzuschieben. Ein Eid, ein Standesdünkel und ein weißer Kittel sind keine göttlichen Insignien.

Herr Ferdinand Kirchhof, Vorsitzender des Ersten Senats des Bundesverfassungsgerichtes und Vizepräsident des Gerichts sowie 1. Richter der 3. Kammer des ersten Senats des Bundesverfassungsgerichtes, beglückte uns Bürger mit einem äußerst bemerkenswerten Urteil.

Eine Verfassungsbeschwerde zum „Recht auf frei bestimmten Tod und Sterbehilfe" wurde von der 3. Kammer des ersten Senats ohne Begründung abgelehnt und die Entscheidung für unanfechtbar erklärt.

Eine kurze Erläuterung zum besseren Verständnis des Gesamtzusammenhangs. Derzeit ist das Bundesverfassungsgericht (BVerfG) mit 16 Richtern besetzt. Es ist in den Ersten Senat und Zweiten Senat aufgeteilt, mit je acht Richtern. Die zwei Senate unterteilen sich in sieben Kammern. In jedem der beiden Senate gibt es drei Kammern mit je drei Richtern. Das sind insgesamt sechs Kammern. Die 7. Kammer ist eine Beschwerdekammer, besetzt mit je zwei Richtern aus den beiden Senaten. Einige Richter sind in mehreren Kammern Mitglied, sonst würde die Rechnung nicht aufgehen.

Die Richter des Bundesverfassungsgerichts werden je zur Hälfte vom Bundestag und Bundesrat gewählt. Von den amtierenden Richtern wurden sieben von der CDU/CSU nominiert, sieben von der SPD, einer von der FDP und einer von Bündnis 90/Die Grünen. Das Verfahren der Rechtsprechung regelt das Bundesverfassungsgerichtsgesetz (BVerfGG). Soviel zum Aufbau und zur Organisation des Bundesverfassungsgerichtes.

Die Verfassungsbeschwerde zum „Recht auf frei bestimmten Tod und Sterbehilfe" wurde ganz legal gemäß § 93 BVerfGG abgelehnt. Ein ungeheuerlicher Vorgang aus Sicht des Beschwerdeführers. Der Beschwerdeführer hatte sich auf die Artikel 1, 2 und 4 des Grundgesetzes (GG) berufen. Das sind exakt die Artikel, mit denen namhafte Verfassungsrechtler das Recht auf einen selbstbestimmten Freitod begründen. Das müsste den Verfassungsrichtern im Bundesverfassungsgericht eigentlich bekannt sein, wenn sie auf dem Laufenden sind. Wie ist das Urteil der Richter zu erklären? Was könnte der Hintergrund sein?

Dazu folgendes Gedankenspiel: Die Wahl der Bundesverfassungsrichter ist eine Vorrechtswahl. Die stärksten Parteien bestimmen die meisten Richter und werden logischer Weise Richter vorschlagen, die ihnen gewogen sind. Der § 93 des Bundesverfassungsgerichtsgesetzes ist für die Richter ein Freibrief. Die Richter können damit jede beliebige Verfassungsbeschwerde, ohne den geringsten Aufwand, ablehnen.

Ein zusätzliches Indiz für die Denkweise und Einstellung der Richter liefern ihre Lebensläufe. Sie geben Einblick in das Elternhaus, die Erziehung, Bildung, Ausbildung, den Berufsweg, die Mitgliedschaften in Konfessionen, Vereinen, Parteien und Organisationen. Ein erfahrener Psychologe könnte über den Lebenslauf des Richters dessen Urteile zu konkreten Fällen voraussagen.

Zugegeben, anhand der genannten Fakten lässt sich nicht nachweisen, dass unsere Justiz und die Staatsgewalt gleichgeschaltet sind. Doch ihre Gesinnung und Staatsauffassung liegen eng beieinander. Man versteht sich durch Geisteshaltung und Interessen auch ohne Worte und Abmachungen. So wie ein Liebespaar. Damit ließe sich erklären, dass die Befürworter der Sterbehilfe, bei der derzeitigen Zusammensetzung des Parlaments und des Bundesverfassungsgerichtes, nicht einmal den Hauch einer Chance auf legale aktive Sterbehilfe in der Bundesrepublik haben. So schlicht und solidarisch funktionieren Staatsmacht und Justiz. Es herrscht keine Gleichschaltung sondern eine Selbstschaltung.

Nachruf zum Grundgesetz

*Das liebe, alte Grundgesetz
hat unser Staat auf Grund gesetzt.*

*Nun ist es abgesoffen
lässt viele Fragen offen.*

*Der Weisenrat schaut ratlos zu
und liefert ein Traktat dazu.*

*Das tun die Weisen immer
danach wird es noch schlimmer.*

Was haben sie uns mitgeteilt?

*Das Grundgesetz sei völlig hohl
total vermerkelt und verkohlt.*

*So etwas sagt kein weiser Mann
er denkt es höchstens ab und an.*

*Das Parlament war sehr pikiert
und hat die Weisen abserviert.*

*Nun schweigen sie fürs Vaterland
und warten auf den Ruhestand.*

***

Unsere christlichen Kirchen sind gegen die Lebenshilfe, aus ihrer Sicht Sterbehilfe. Kirchensteuer, Altenpflege, palliativmedizinische Betreuung, Seelsorge, Beerdigungen, Grabstätten, Spenden sind ihre Pfründe. Jeder Christ und Bürger ist von der Wiege bis zur Bahre ein potentieller Klingelbeutel.

Friedliches Glück

Unsere Oma sieht so glücklich aus
denn sie liegt im Koma
und ruht sich etwas aus
alle die am Bettchen stehn
finden unsre Oma schön
doch dann wird das Herz uns schwer
Omas Sparstrumpf der ist leer

unser guter Pfarrer Selig
lächelt bei der Ölung ölig

***

Den Grundstein der Kirchenmacht legte der römische Kaiser Konstantin der Große (306-337). Er förderte seit 312 das Christentum und ermöglichte ihm seine Ausbreitung im römischen Reich. Über Jahrhunderte gehörten die kirchlichen Würdenträger und Mönche zu den Wenigen, die lesen und schreiben konnten. Sie hüteten in ihren Klosterbibliotheken und Universitäten das Wissen der Menschheit. Damit machten sie sich bei den weltlichen Herrschern unentbehrlich. Wer sonst konnte sie besser beraten und ihre Ruhmestaten in Chroniken aufzeichnen? Im Zuge dieser Entwicklung wurde die christliche Lehre Allgemeingut und das christliche Abendland zu einer Glaubensgemeinschaft von „Gottes Gnaden".

Wer sich den Dogmen der Kirche widersetzte und andere Meinungen vertrat, wurde exkommuniziert oder als Ketzer verbrannt, wenn er seine abweichende Anschauung nicht widerrief. Beispielsweise Giordano Bruno, der am 17.Februar1600 wegen Ketzerei verbrannt wurde. Erst im Jahr 2000 erklärte Papst Johannes Paul II die Hinrichtung für Unrecht. Eine vollständige Rehabilitation steht noch aus, weil Giordanos Lehre mit den Dogmen der katholischen Kirche unvereinbar ist. Die meisten Ketzer widerriefen klugerweise ihre Meinung. Dadurch konnte sich zum Beispiel die Käseglockentheologie über Jahrhunderte retten. Die Erde blieb eine Scheibe, war der Mittelpunkt der Welt, und über ihr wölbte sich der Himmel.

Die Kirchendogmen sind bis heute unverändert, Überholtes wird mystisch verbrämt. In der Bundesrepublik sind die weltlichen Ableger der Kirchen die CDU und CSU, sie machen Kirchenpolitik, ihre Anhänger belohnen sie bei Wahlen mit ihrem Kreuzchen.

Wer Zweifel an der Darstellung hat, kann bei Friedrich Nietzsche nachschlagen. Nietzsche hat bemerkenswert und erschöpfend unser christliches Abendland beschrieben und erläutert. Daran hat sich bis heute kaum etwas geändert.

Eine ernüchternde Bilanz

Anmerkung: Für uns Befürworter des frei bestimmten Todes ist selbstbestimmt sterben zu dürfen, wann immer wir das wollen, eine Lebenshilfe und Weltanschauung. Deshalb benutzen wir für unseren Freitod das Wort „Lebenshilfe" statt „Sterbehilfe", wie die Gegner des Freitodes. Hier benutzen wir beide Begriffe nach Maßgabe.

Die CDU/CSU ist ein erklärter Gegner der Sterbehilfe. Im Deutschen Bundestag gibt es derzeit 631 Sitze. Die absolute Mehrheit sind 316 Sitze. Die CDU/CSU-Fraktion verfügt über 311 Sitze, ihr fehlen nur fünf Stimmen zur absoluten Mehrheit. Die fünf fehlenden Stimmen von den anderen Fraktionen zu erhalten, ist ein Kinderspiel. Die anderen

Fraktionen sind ja kein einheitlicher Block, sondern untereinander und in sich uneins.

Konkret heißt das: Kein Gesetz, das der CDU/CSU missfällt, passiert das Parlament. Wir Tattergreise und Befürworter der Lebenshilfe könnten uns deshalb glücklich schätzen, wenn kein Gesetz verabschiedet wird, dann bliebe wenigstens das Thema heiß. Wird ein Gesetz verabschiedet, was wahrscheinlich ist, geschieht in den nächsten Jahren überhaupt nichts mehr. Alles wird auf die lange Bank geschoben und auch die folgende Regierung, im Jahr 2017, wird sich nicht vorrangig mit der undankbaren Altenpflege und Sterbehilfe beschäftigen. Man wird alle bisherigen Möglichkeiten des Freitodes unter Strafe stellen. Es werden uns Hospize und palliativmedizinische Betreuung versprochen, die weder zu finanzieren sind noch unseren Vorstellungen entsprechen. Es geht aus wie's Hornberger Schießen.

Unsere Ärzte sind mehrheitlich erklärte Gegner der Sterbehilfe. Fast alle Ärztekammern in der Bundesrepublik sprechen sich gegen die Sterbehilfe aus. Von den Ärzten sind zwei Drittel erzkonservative Gegner der Sterbehilfe, sie berufen sich, mit geschwellter Brust, auf ihren Eid des Hippokrates. Ein Drittel befürwortet zurückhaltend die Sterbehilfe. In ganz aussichtslosen Fällen, mit schwersten Beschwerden, erwägen sie eine indirekte Sterbehilfe. Die wenigen Ärzte, die sich offen für die Sterbehilfe aussprechen oder gar als Sterbehelfer aktiv sind, lassen sich in der Bundesrepublik an den Fingern abzählen. Wir Tattergreise können von der Ärzteschaft keine Unterstützung erwarten. Die Tradition, der Gott im weißen Kittel, der Eid des Hippokrates und der Standesdünkel sind die beherrschenden Dogmen der Ärzteschaft.

Unsere christlichen Kirchen sind erklärte Gegner der aktiven Sterbehilfe. Ihr Credo lautet: Gott hat uns das Leben geschenkt, man kann es nicht zurückgeben. Diese göttliche Fügung gehört zu den lukrativsten Pfründen der Kirchen. Die Sterbeindustrie ist ihr Kirchenschatz, jeder Bürger ein Nugget. Ob krank, behindert, alt, bedürftig oder tot, die Kirchen machen mit jedem ihr Schnäppchen.

Die derzeit teuerste Betreuung Schwerstkranker und Todkranker ist, außer der Intensivstation im Krankenhaus, die palliativmedizinische Versorgung in Hospizen. Deshalb sind die Kirchen Feuer und Flamme für diese Art der Lebenshilfe.

Von den Kirchen können wir außer Trostworte und Beten nichts erwarten. Doch ihre Macht ist unheimlich. Sie sind äußerst einflussreich und unterwandern seit 65 Jahren die Bundesrepublik vom Ethikrat bis zum Mittagstisch für Obdachlose. Erfahren im Missionieren und als Strippenzieher hinter den Kulissen gehören die Kirchenvertreter und Christen zu den aktivsten Unterstützern und Parteimitgliedern der CDU/CSU. Rund 60 Prozent aller Bundesbürger sind Christen und zahlen Kirchensteuer. Die profitabelsten Einnahmequellen der Kirchen sind Kirchensteuer, Sozialfürsorge, Altenpflege und Friedhöfe. Meine Prognose: Sollte sich widererwarten ein Sterbeset nicht vermeiden lassen, werden die Kirchen à la Ablass ein geweihtes Sterbeset anbieten, mit Persilschein fürs Jüngste Gericht.

Unsere Bundesverfassungsrichter sind erklärte Gegner der Sterbehilfe. Der Klüngel zwischen Bundesverfassungsgericht, Bundestag und Bundesrat ist offensichtlich. Der Bundestag und Bundesrat küren die Verfassungsrichter und wählen sich ihnen gewogene aus. Die Lebensläufe der Verfassungsrichter belegen das punktgenau. Der Bundestag beschließt begleitende Gesetze, die für die Verfassungsrichter Freibriefe sind. Dabei benutzen die Staatsorgane und das Bundesverfassungsgericht das Grundgesetz als Feigenblatt. Statt einer Gleichschaltung, wie im 3. Reich, ist es eine Selbstschaltung - die demokratische Variante gemeinsamer Interessen im Spiegel der Gewaltenteilung. Das schließt bei der derzeitigen Zusammensetzung des Bundesverfassungsgerichtes das Legalisieren der Lebenshilfe/Sterbehilfe aus. Wohlweislich wird jede Verfassungsbeschwerde, den selbstbestimmten Freitod betreffend, gemäß Bundesverfassungsgerichtsgesetz § 93 (BVerfGG), ohne Begründung abgewiesen und das Urteil für unanfechtbar erklärt. Das hat sein Gutes, wir wissen wenigstens, was auf uns zukommt – die „Zwangspalliativierung". Rette sich wer kann!

Zusammenfassung und Ausklang

Bei der derzeitigen Zusammensetzung der Regierung und des Parlaments gibt es für uns Tattergreise und Behinderte keine befriedigende Lösung zur Lebenshilfe. Die derzeitige Schmierenkomödie ist eine Schande. Statt Politik Krippenspiele und Ammenmärchen. Ein Gesetz im Sinne der CDU/CSU wäre schlimmer als gar keins, denn es würde womöglich den heutigen Status verschlechtern. Bis zum Ende der Legislaturperiode geschieht garantiert nichts im Sinne der Befürworter der aktiven Lebenshilfe. Auch die neue Regierung, nach 2017, wird kaum vorrangig das undankbare Thema Sterbehilfe auf ihr Fahnen schreiben, es sei denn sie muss.

Das sind unsere Minimalforderungen

o Jedem Bürger, der in den letzten Stunden seines Lebens palliativmedizinisch betreut werden möchte, sollte dies ermöglicht werden.

o Jedem Bürger, der zu Hause ein persönliches Sterbeset haben möchte, um jederzeit selbstbestimmt aus dem Leben scheiden zu können, sollte dies ermöglicht werden.

o Jeder Bürger, der selbstbestimmt aus dem Leben scheiden möchte, aber aus eigner Kraft dazu nicht mehr in der Lage ist, sollte eine in seinem Sinne fachgerechte Hilfe von einem Sterbehelfer oder Arzt erhalten.

Auf keinen Fall dürfen wir Bürger klein beigeben und uns unterordnen. Wir akzeptieren nicht, dass ein gläubiger Christ auf der Intensivstation bis zum letzten Augenblick „ausgepflegt" wird und ein anderer Bürger noch nicht einmal selbstbestimmt und friedlich, auf eigene Kosten, zu Hause seinen Wunschtod sterben darf. Da gibt es kein Rumgeeiere und keine Kompromisse! Das Recht, sein Leben zu leben und seinen Tod zu sterben, steht jedem Bundesbürger laut Grundgesetz zu.

Wir haben mit unserem Lebenshilfeausweis einen gangbaren, finanzierbaren und schnell umsetzbaren Weg aufgezeigt. Jeder Bürger könnte seine Willenserklärung für seinen Lebensabend, Sterbewunsch und für Notfallsituationen im Voraus, bei voller Geschäftsfähigkeit, abgeben. Der Staat könnte anhand der Angaben eine bedarfsgerechte Vorplanung und Umsetzung gewährleisten (sieh: „Kann denn Sterben Sünde sein? ISBN 973-3-7375-2311-6 und www.bod.de). Mit einer Code-Nummer könnte sein Wille abrufbar im Personalausweis vermerkt werden. Nun schauen Sie einmal zu, meine Damen und Herren Politiker, Juristen, Ärzte und Stellvertreter Gottes, wie Sie Ihre lieben Bundesbürger und Schäfchen wieder auf Vordermann und Vorderfrau bringen. Viel Vergnügen!

Trotzreaktionen

Um mich vor Bevormundung, Entmündigung und Willkür der Staatsgewalt zu schützen, fasste ich folgende Beschlüsse:

1. Ich gehe zu jeder Wahl und wähle die Partei, die mir, bezogen auf die Lebenshilfe, am nächsten steht. Niemals wähle ich die CDU/CSU. Mein Wunschtraum ist, dass die CDU/CSU abstürzt, auf der Oppositionsbank verkümmert und für alle anderen Parteien eine Warnung ist. Lange Zeit war ich Nichtwähler oder machte meinen Wahlzettel ungültig. Doch bei rund 50 Prozent Nichtwählern, mit extrem hohem Frustpotential, lohnt sich das Wählen wieder. Wir könnten jede Partei abwählen oder küren. Ein belebender Gedanke!
2. Ich bin aus der Kirche ausgetreten. Die Dogmen der Kirchen und ihr Unfehlbarkeitsanspruch sind für mich unannehmbar. Warum darf jeder Christ nach seinem Glauben leben und sterben und ich nicht nach meinem? Das ist Kirchenfaschismus! Außerdem spare ich die Kirchensteuer, das ist nicht wenig.
3. Ich habe verfügt, dass meine Asche in einer umweltfreundlichen Urne an einem Ort meiner Bestimmung vergraben wird. Keinesfalls auf einem Bezahlfriedhof. Dann schon lieber zum Streuen im Winter oder in die Restmülltonne. Wer will das verhindern?
4. Ich spende nichts mehr. Zum einen weiß ich nicht, wo meine Spenden versickern, zum anderen soll unser Staat erst einmal mit gutem

Bespiel vorangehen. Seit den 70er Jahren des letzten Jahrhunderts gibt jede Regierung der Bundesrepublik Deutschland (BRD) eine Absichtserklärung zur Entwicklungshilfe ab. Danach soll der bundesdeutsche Beitrag 0,7 Prozent des BNE (Bruttonationaleinkommens) sein; keine Bundesregierung hat bisher dieses Ziel erfüllt.
Ich helfe lieber armen Bürgern in meinem Umfeld direkt. Letztlich musste ich für einen Tag ins Krankenhaus. Ich bat eine Frau aus der Nachbarschaft, die sich mit Hartz IV durchjammert, auf meinen Schlittenhund aufzupassen. Dafür bekam sie von mir 100 Euro und konnte es sich bei mir zu Hause bequem machen. Sie hat sich sehr gefreut, mein Hund und ich auch.
5. Ich wende mich mit Broschüren, wie dieser, an die Öffentlichkeit und freue mich über jeden Leser und Sympathisanten. Liefere ich dem Verlag eine druckreife Vorlage, kostet mich so ein Büchlein nur 'n Appel und 'n Ei. Manchmal amortisiert es sich sogar. Das Schreiben amortisiert sich indirekt, weil ich während dessen kein Geld ausgebe. Außerdem bildet es.
6. Ich nehme mir Zeit für jeden, der Interesse an einem Gedankenaustausch hat, ohne mich aufzudrängen.
7. Wo kein Kläger ist, ist kein Richter. Ich nutze alle Möglichkeiten, meinem Wunschtod näher zu kommen. Dazu suche ich Kontakt zu Befürwortern der Lebenshilfe und tausche mich mit ihnen aus. Ein Tipp: Die europäischen Anbieter von Natrium-Pentobarbital (bewährtes Medikament für den Freitod) im Internet sind fast alle Trickbetrüger oder Rauschgiftfahnder. Beide zocken gnadenlos ab und liefern nicht. Ich habe schon über 1000 Euro übers Internet verspielt. Unter Insidern ist der Schwindel bekannt. Später mehr davon.

Ich würde meine Selbstachtung verlieren, wenn ich mich der Arroganz der Kirche und der Regierung willenlos beugte. Ich bin kein Schäfchen selbsternannter Götter und korrupter, minderbemittelter Politiker. Das Leben, der Alltag sind bessere Lehrmeister. Meine Frau, Familie, Freunde, Verwandte, Bekannte kennen mich, keiner nimmt Anstoß an meinen Anschauungen. Die Leute im Dorf, in dem ich wohne, klopfen mir anerkennend auf die Schulter und finden das eine oder andere lustig. Sie sagen zu mir, endlich mal eine verständliche Aufklärung darüber, was „die da oben" denken und tun. Wir duzen uns und kommen prima miteinander aus. Die Kinder im Dorf haben mich gern, ich bin interessant für sie, ein lustiger Spinner.

Dagegen verdammen unser Spitzenpolitiker, die Ärzteschaft, die Bundesverfassungsrichter und die Stellvertreter Gottes öffentlich meine Lebenseinstellung und Weltanschauung. Es ist für sie unvorstellbar, dass ein Bürger bewusst seinen körperlichen und geistigen Verfall erlebt und sich sagt, bis hierher und nicht weiter, dann scheide ich aus dem Leben. Wenn der Tod mich noch nicht will, helfe ich ihm auf die Sprünge.

Viele Prominente haben eine Silber- und Glaubensangina (sind bestochen und beschränkt), das sind die korrupten Scheißerchen, die gibt es überall. Doch sind wir Bundesbürger schon so verkommen und abgestumpft, dass wir alles ergeben hinnehmen? Was ist mit unseren Wissenschaftlern, Schriftstellern, Künstlern, Denkern los? Wer hat euch so verhext, dass ihr euch stumm, blind, taub mit vorauseilendem Gehorsam anbiedert?

Was ist das für eine Kultur, in der sich ein Bürger, der aus dem Leben scheiden will, heimlich, zu Hause, erschießen muss, statt seinen Wunschtod sterben zu dürfen? Wenn auf dem Schwarzmarkt eine Pistole und eine Handgranate leichter zu beschaffen sind als 10 Gramm altbekanntes, bewährtes Schlafmittel für einen sanften, friedlichen Tod? Wenn sich Bürger aus Verzweiflung vor einen Zug werfen oder von einem Hochhaus springen? Ist das unsere Leitkultur?

Ich versuche, mich mit einem Beispiel zu erklären: Ich habe, wie bereits erwähnt, einen liebenswürdigen Schlittenhund mit ausgeprägtem Hetztrieb. Das ist seine Natur. Wäre er bei Spaziergängen nicht angeleint, würde er alles, was flüchtet, jagen, jedes Huhn und Rehkitz totbeißen. Sein Hetztrieb zwingt ihn dazu. Ich könnte ihm seinen Hetztrieb austreiben. Dazu müsste ich ihn brechen. Er wäre kein lebenslustiger Schlittenhund mehr, sondern eine gebrochene Kreatur, ein verängstigter Krüppel, ein lebender Toter.

Vergleichbar mit einem hochmusikalischen, begabten Pianisten, dem ich die Finger abgehackt und die Trommelfelle durchstochen habe.

Ist das unsere Kultur, müssen wir uns so unterordnen, ist das unsere pluralistische Gesellschaft und parlamentarische Demokratie? Warum verstümmeln Sie uns, Frau Merkel (Bundeskanzlerin), Herr Kauder (Fraktionsvorsitzender CDU), Herr Gröhe (Gesundheitsminister CDU)? Warum dürfen wir nicht unser Leben leben und unseren Tod sterben, solange wir uns an unseren Gesellschaftsvertrag halten und keinem Mitbürger Schaden zufügen? Warum darf ein mündiger, geschäftsfähiger Bürger noch nicht einmal seinen Wunschtod sterben? Warum wollen Sie uns verbiegen? Die Mehrheit der Bürger hat Sie vertrauensvoll gewählt und ermöglicht Ihnen einen Lebensstandard, von dem die meisten Ihrer Wähler nur träumen. Was sagen Ihr Gewissen und Ihr Staatsauftrag zu meinen Fragen und Anschuldigungen?

„Freie Fahrt für freie Bürger" entspricht unserem Sittenkodex, aber „Freier Tod für freie Bürger" erstaunlicher Weise nicht. Wie passt das zusammen? Offenbar bestimmen nicht Sie sondern die Automobilindustrie und die Sterbeindustrie unsere Würde, Persönlichkeit und die Normen des Zusammenlebens.

Die Wohlstandsratten

Zwei Ratten taten sich begatten
Weil sie das furchtbar gerne hatten

Der Industrie kam das zustatten
denn sie baut Fallen für die Ratten.

So wächst der Wohlstand allzumal
selbst mit dem Rattenpotential.
***

Das politische Debakel um die Sterbehilfe

Palaver vor Ort

Wo wollen wir die nachfolgenden Texte verorten? Im bundesdeutschen Parlament. Denn dort liegen die Karten jetzt offen auf dem Tisch. Die im Deutschen Bundestag wirkenden Parteien haben sich zur Sterbehilfepraxis in der Bundesrepublik geäußert – ein vielstimmiger Kanon der Meinungen und Absichten, der Hoffnung und Angst, quer durch die Fraktionen. Wir haben die Stimmen zusammengefasst, gegeneinander gewogen und kritisch aus unserer Sicht bewertet – als „Orientierungshilfe" für die Parlamentarierinnen und Parlamentarier, wenn sie demnächst über das Wie des Sterbens debattieren und beschließen, aber auch für jede Neugier.

Was uns die Zukunft verspricht

Am 13. November 2014 nach der „Orientierungsdebatte" zur „Sterbebegleitung" kündigt der Deutsche Bundestag an, ein neues Sterbehilferecht noch im Jahr 2015 zu beschließen. Neugierig, wie das Parlament im Herbst 2015 entscheiden wird, ließen wir Hellseherin Astra in die Gläserne Kugel schauen. Die Magierin sah Staunenswertes:

Lebenshilfeausweis überraschend in trockenen Tüchern

Berlin. Gestern verabschiedete der Deutsche Bundestag unerwartet und nach harter Debatte mit 212 Neinstimmen und 68 Enthaltungen das **Sterbehilfegesetz**. Damit ist der selbstbestimmte Tod ohne Wenn und Aber in der Bundesrepublik Deutschland erlaubt. Laut Gesetz, das am 1. Juli 2015 in Kraft tritt, kann der sterbewillige mündige Bürger, nach gründlicher Beratung und auf Rezept des Arztes, ein Sterbeset in der Apotheke erwerben und sich mit tödlichen Medikamenten bei klarem

Verstand und ausdrücklichem Sterbewunsch sowie selbstgesetztem Zeitpunkt in den ewigen Schlaf versetzen.

Als Neuheit kann ein so genannter **Lebenshilfeausweis** beantragt werden. Dort kann der Bürger angeben, wo und wie er sterben will: Zuhause, in einem Pflegeheim oder Hospiz, mit oder ohne ärztlichen Beistand sowie pastoraler Begleitung. Notfallversorgung, Organspendebereitschaft und Patientenverfügung sind dort ebenfalls vermerkt.

Der Verabschiedung des Gesetzes war ein zäher öffentlicher Streit zwischen Gegnern und Befürwortern der Sterbehilfe vorausgegangen. Daran waren sowohl Politiker, Ärzte und Kirchen als auch Ethiker, Philosophen, Juristen und Journalisten beteiligt. Kritik an der Verabschiedung des Gesetzes kam vor allem von den niedergestimmten C-Parteien. Die Katholische Kirche hat umgehend Protest gegen das neue Gesetz erhoben.
(Quelle: DAS BERLINER LÜGENBLÄTTCHEN. Zeitschrift für klarsichtige Köpfe, Ausgabe 6/2015)
Wenn das keine Ente wird!!!

Weit gefehlt
Bleiben wir im Bild des Gefiederten. Eine Ente kommt selten allein. „Ein Huhn im Topfe jedes Bauern macht den gallischen Hahn verenden", schrieb der Revolutionär Georg Büchner (1813 – 1837) 1835 seinem Förderer, dem Schriftsteller Karl-Ferdinand Gutzkow (1811 - 1878). Büchner resignierte, weil die französische Julirevolution von 1830, die sich auf andere Staaten Europas auswirkte und so auch in einigen Ländern des Deutschen Bundes Unruhe stiftete, einzuschlafen drohte. Ähnlich wie zu jener Zeit verhalten wir wiedervereinigte Deutsche uns seit der friedlichen Revolution von 1989, wobei wir aus Tradition statt des Huhns lieber eine Gans im Bräter hätten. Bezogen auf die Debatte zur Sterbehilfe, besser Lebenshilfe, wäre ein Lebenshilfegesetz ein fürstliches Geschenk, das den grundgesetzgemäßen Wünschen jedes Einzelnen gerecht wird. So zu sagen eine Morgengabe der Parlamentarier an die Wählerinnen und Wähler. Aber schon jetzt zeichnet sich ab: Statt der Gans wird uns ein ungenießbares mageres Mäuslein beschert:

*„Menschlein, Menschlein, lass dir raten,
was Macht dir hinter die Ohren schrieb,
wozu brauchst du Gänsebraten?
Wenn nur ein Mäuslein übrig blieb,
dann nimm gefällig es vorlieb!"*

Nach diesem Schreck sei warm ans Herz gelegt das Rezept für den ewigen Schlaf: Man nehme die Artikel 1 und 2 des Grundgesetzes, eine Prise Toleranz, Klarsicht, Freude und Schmerz, nicht zu vergessen ein Kilogramm Liebe. Diese Zutaten mixe man in einem Becher, übergieße den Mix mit dem klaren Quell des Lebens, trinke den Cocktail in vollen Zügen und falle friedlich in den Schlaf ohne Wiederkehr.

Ebenfalls überraschend aber reell das Echo

In unserem Bändchen „Kann denn Sterben Sünde sein?", eine Streitschrift zur Lebenshilfe, erschienen 2014, hatten wir eine breite gesellschaftliche Debatte über das Thema „Sterbehilfe" gefordert. Fragen der Existenz wie Leben und Sterben sollten nicht allein am Grünen Tisch, in Politikerrunden unter Einflüsterung einer mächtigen Lobby aus Kirche, Ärzteschaft, Pharmaindustrie und Gesundheitswesen debattiert und beantwortet werden.

Nein, die Meinung der Bürgerinnen und Bürger mit ihrem vom Grundgesetz garantierten Recht auf Selbstbestimmung sollte den Ausschlag geben gegen die Überheblichkeit geschichtsgehemmter und verbandsverklemmter Machtträger.

Die Debatte in der breiten Öffentlichkeit scheint gelungen. Dazu haben maßgeblich regionale Blätter beigetragen. So haben Elbe-Jeetzel-Zeitung und Altmark-Zeitung, Tageszeitungen unserer Region, unsere Argumente aufgegriffen und ausführlich darüber berichtet, die Meinung der Leserinnen und Leser in Umfragen erforscht sowie Lebenshilfe-Experten telefonisch befragt. Das Echo war überwiegend positiv.

Ausriss aus Kiebitz, Wochenzeitungsbeilage zur Elbe-Jeetzel-Zeitung vom 29. Oktober 2014

Wenig später flatterten Zettel von Nachbarn in unseren Briefkasten oder das Telefon klingelte. Leserinnen und Leser der Zeitungsberichte, vor allem ältere und schwerkranke, sowie Krankenschwestern und Pflegende sahen sich in ihren Erfahrungen bestätigt und stimmten unserem Plädoyer für eine besonnene aktive Sterbehilfe zu. Einig waren wir uns auch in der Forderung nach besser ausgebildetem und höher bezahltem Pflegepersonal in den Krankenhäusern, Altersheimen und Hospizen.

Die jetzige Pflege-Misere kommentiert die klinikerfahrene Krankenschwester Barbara Berlin illusionslos: *„Heute hat sich durch bürokratische Vorgaben und Unterbezahlung das Klima auf den Pflegestationen, aber auch in der Häuslichen Pflege derart verschlimmert und die Zeitvorgaben sind so eng, dass es bis zur Ausbeutung des Pflegepersonals und Missachtung der zu Pflegenden geht, von Ausnahmen abgesehen. Das Leiden Schwerstkranker ist häufig, sowohl für den Patienten als auch für uns, unerträglich. Diese Zustände stoßen an die Grenzen meines Berufsverständnisses. Ich kann nicht mehr."* Damit hängte Berlin ihren Krankenschwesterkittel an den Nagel.

In Gesprächen mit überzeugten Christen kam meistens, wie zu erwarten, das *„Ja, aber wir als Gottes Geschöpf können uns doch nicht das Leben nehmen."* Andere wollten sich zu unserer Schrift und dem Thema nicht äußern, darunter Ärzte, denen wir die Broschüre geschickt hatten. Fast nur betroffene, d.h. Medizinerinnen und Mediziner, die Schwerstkranke in der Familie erlebt oder als Patienten betreut hatten, signalisierten Zustimmung. Der Vorsitzende der nicht mehr im Deutschen Bundestag vertretene FDP, Christian Lindner, befürwortete unser Anliegen ebenso wie Dr. Gregor Gysi, Vorsitzender der Partei DIE LINKE. Dagegen hüllten sich CDU, CSU, SPD und BÜNDNIS 90/Die Grünen in Schweigen.

Selbst Bundespräsident Joachim Gauck reagierte. Er ließ unser Bändchen in die kleine Präsenzbibliothek seines Amtes stellen.

Verblüffend: Das Ausland meldet sich zu Wort

Aus den Niederlanden kam der ermutigende Rat „*Nicht aufgeben!*"

Aus Rom schrieb uns Leserin Elke Luise:
„*Liebe Autoren von ‚Kann denn Sterben Sünde sein?', nachdem ich euer Büchlein gelesen habe, konnte ich nur feststellen, dass ihr weit voraus mit dem Thema seid. Eine italienische Ausgabe wäre sehr willkommen hier. Selbst der Papst könnte wenig gegen eure Argumente aufbringen. Soweit ich mich erinnere, hat auch Papst Giovanni Paolo II., am Ende seiner Kräfte, gebeten, ihn ‚gehen' zu lassen".*

Anmerkung der Redaktion: Der Papst, der unter der Parkinson-Krankheit litt und im Alter mit weiteren Leiden schwer zu kämpfen hatte, soll an seinem Todestag die Bitte geäußert haben: „*Lasst mich ins Haus des Vaters gehen*." Manche ziehen daraus den Schluss einer Sterbehilfe, vom Vatikan selbstredend dementiert und von uns selbstredend unkommentiert.

Auch Worte des Papstes am 24. März 2002 vor Medizinern und Gesundheitsexperten, drei Jahre vor seinem Tod, lassen die Deutung zu, der Pontifex billige die passive Sterbehilfe:
„*Die Komplexität des Menschen fordert bei der Verabreichung der notwendigen Heilmethoden, dass man nicht nur seinen Körper berücksichtigt, sondern auch seinen Geist. Es wäre anmaßend, allein auf die Technik zu setzen. Und in dieser Sicht würde sich eine Intensivmedizin um jeden Preis bis zum Letzten schließlich nicht nur als unnütz erweisen. Sie würde auch nicht völlig den Kranken respektieren, der nun an sein Ende gelangt ist.*"

Soweit die päpstliche Sicht, die nicht von der römischen Diözesankommission geteilt wird. Das Abschalten medizinischer Geräte, wie im Fall des Italieners Piergiorgio Welby, Verfechter der Sterbehilfe, wird von der Kommission als Suizid verurteilt. Dem schwer erkrankten Welby, der seinen Arzt bat, das Atmungsgerät abzustellen, wurde die Trauerfeier strikt verweigert.

Kirche in Deutschland: passive Lebenshilfe eingeschränkt ja

Davon abweichend nähert sich die Deutsche Bischofskonferenz im September 2014 der Einsicht des Papstes:
„Die katholische Kirche spricht sich ausdrücklich gegen alle Formen der aktiven Sterbehilfe und der Beihilfe zur Selbsttötung aus. Hilfe beim Sterben durch die sogenannte passive Sterbehilfe (einschließlich der Therapiezieländerung) hingegen sieht sie als ethisch vertretbar an. ... Daneben sieht die Kirche den Staat in der Pflicht, alle organisierten Formen der Hilfe zur Selbsttötung unter Strafe zu stellen, um zu verhindern, dass diese als normale Dienstleistung angeboten und wahrgenommen werden."
Dieser Auffassung begegnen wir in der Orientierungsdebatte des Deutschen Bundestags am 13. November 2014 häufig.

Ähnlich äußert sich die Evangelische Kirche in Deutschland (EKD). Ihr Standpunkt:
„Nach Auffassung der christlichen Ethik gibt es keine Verpflichtung des Menschen zur Lebensverlängerung um jeden Preis und auch kein ethisches Gebot, die therapeutischen Möglichkeiten der Medizin bis zum Letzten auszuschöpfen. Einen Menschen sterben zu lassen ist bei vorher verfügtem Patientenwillen nicht nur gerechtfertigt, sondern geboten. Zur Endlichkeit des Lebens gehört auch, dass man das Herannahen des Todes zulässt, wenn seine Zeit gekommen ist.

Demgegenüber bleibt und ist die gezielte Tötung eines Menschen in der letzten Lebensphase aus christlicher Sicht nicht vertretbar, auch wenn sie auf seinen ausdrücklichen Wunsch hin erfolgt. Gesetzliche Regelungen und gesellschaftliche Konventionen, die der Tötung auf Verlangen oder der Beihilfe zur Selbsttötung den Weg ebnen, sind ein Irrweg, den die christlichen Kirchen entschieden ablehnen."

Theologen scheren aus

Aber die Front der kirchlichen Gegner bröckelt. Nicht alle Theologen lehnen die aktive Sterbehilfe und organisierte Sterbehelfer ab. Der Theologe und CDU-Abgeordnete, Peter Hintze, befürwortet die aktive Sterbehilfe mit Einschränkungen. Ein weiteres Beispiel: Die an Brustkrebs erkrankte Theologin Anne Schneider, Ehefrau des Theologen und ehemaligen EKD-Ratsvorsitzenden, Nikolaus Schneider, ließ sich von ihrem Ehemann zum Sterben in die Schweiz begleiten. Während die Theologin meinte, selbst entscheiden zu können – *„Jetzt gebe ich mein von Gott geschenktes Leben dankbar an ihn zurück"* – , mahnt Nikolaus Schneider: *„Der letzte Punkt des Todes muss unverfügbar sein."* Doch Schneider räumt ein: *„Wenn es Spitz auf Knopf kommt, sind wir für die Menschen da und nicht für die Sauberkeit unserer Position."*

Dass auch prominente Mitglieder der katholischen Kirche bekennen, ihr Recht auf Selbstbestimmung am Lebensende wahrnehmen zu wollen, zeigt der Fall des kirchenkritischen Theologen Hans Küng. Mehrfach bekräftigt der Kritiker, dass glücklich sterben für ihn heißt, nicht alles bis zum Schluss aushalten zu müssen, sondern die Wahlfreiheit zu haben zwischen mehreren Möglichkeiten, darunter auch die Freiheit zu einem selbst herbeigefügten Tod. (lies Literaturauswahl im Anhang)

Wer verpasst hier den Maulkorb?

Während also die Tagesblätter im Ländlichen aus der Grauzone des Tabus „Sterben" heraustreten und sich des Themas ohne Scheuklappen annehmen, verhalten sich überregionale Zeitungen zögerlich. Sie behandeln – so unsere Erkenntnis - das Thema Sterbehilfe noch immer mit Samthandschuhen. Die Berichte und Kommentare dazu spiegeln meistens die Parlamentsdebatte wieder.

Anders die Wochenschrift DIE ZEIT. Im April 2014 ließ das Blatt in vorbildlicher Weise Wissenschaftler, Politiker, Ärzte, Vertreter des Deutschen Ethikrats und direkt Betroffene in einer Diskussionsrunde zu Wort kommen und die Argumente des Für und Wider austauschen. Als Ergebnis dieses Forums fasst der Arzt und Philosoph Urban Wiesing die Meinungen der Fachleute in einem zweiseitigen Bericht zu einem überzeugenden Plädoyer für die reglementierte Freigabe der Sterbehilfe zusammen. (in: DIE ZEIT vom 14. April 2014)

Zugegeben: Das Thema ist zu komplex, um mit rascher Feder darüber hinwegzugleiten. Die Journalistin, der Journalist muss sich damit gründlich auseinandersetzen, um schlüssige Antworten zu finden. Das braucht Zeit, Expertenwissen und Reflexion sowie mehr Platz als einen Einspalter oder einminütigen Rundfunkkommentar, damit der Leser oder Hörer den Gedankengang nachvollziehen kann und sich informiert fühlt.

Zwar gab es auf die Kampagne „Für das Recht auf letzte Hilfe", die im Oktober 2014 in Frankfurt und Berlin gemeinsam von der Deutschen Gesellschaft für Humanes Sterben (DGHS), der Giordano-Bruno-Stiftung (GBS) und des Internationalen Bundes der Konfessionslosen und Atheisten (IBKA) mit großflächigen Plakaten und Informationsständen durchgeführt wurde, ein lebhaftes Medien-Echo. Aber die mediale Begleitung erschöpfte sich in kurzen Berichten über das Ereignis.

Wo bleiben unsere geistigen Eliten?

Auch unsere geistigen Eliten verbergen ihre Haltung zum Sterben in seltsamem Schweigen. Fragen wir uns, weshalb. Sind sie befangen oder zu kraftlos, um dem vielschichtigen Problem menschlicher Existenz auf den Grund zu gehen und die auszuschöpfenden Möglichkeiten der Lebenshilfe aufzuzeigen und anzumahnen?

Nur vereinzelt geben Intellektuelle und Künstler ihre Gefühle und Gedanken preis wie der Ende 2014 verstorbene Journalist, Philosoph und Schriftsteller Ralph Giordano. Als Halbjude überlebte Giordano den 2. Weltkrieg vor der Verfolgung der NS-Schergen in einem von Ratten wimmelnden Kellerloch. Sein Erleben im Dunkel des Elends nahm ihm nicht den Glauben an die Freiheit des Menschen, die sein Lebens-Leitmotiv wurde und das Sterben nach eigenen Vorstellungen mit einschloss. Als ihm kurz vor seinem Tod der Arthur-Koestler-Sonderpreis der DGHS verliehen wurde, bekräftigte Giordano sein Bekenntnis:
„Ich war dem Tod nicht nur einmal nahe ... Wer seine Nähe gespürt hat, der kann gleichzeitig noch etwas anderes beglaubigen, die Erkenntnis, dass es nichts Kostbareres, nichts Großartigeres, nichts

Schützenwürdigeres gibt, als das Leben, der allerhöchste Wert – das Leben! ... Erst vor diesem Hintergrund wird erkennbar, wie grausam es sein muss, Leben zu beenden, wenn es keinen anderen Ausweg gibt. Was umso grausamer ist, wenn es sich dabei um den geliebtesten Menschen handelt ...Meine Frau stirbt am 9. Dezember 1984 ... mit aktiver Sterbehilfe, in einer Situation, in der es nichts zu deuteln gab ...Über dieses Sterben lag lange Schweigen, bis ich es nach mehr als zwanzig Jahren brach. Das aber erst, nachdem die fundamentalistischen Gegner jedweder Sterbehilfe öffentlich das große Wort ergriffen und sich dabei nicht entblödet hatten, die Befürworter ‚Mörder' und ‚Faschisten' zu schimpfen, mich eingeschlossen. Wissen diese Leute eigentlich, was sie da tun und wovon sie sprechen? ... Ich erkläre hier, dass ich dem ‚Helfer' dankbar war und dankbar bleiben werde, so lange ich lebe ... Die Autonomie über mein Leben und Sterben werde ich mir jedenfalls von niemanden nehmen lassen ... ".

Können wir das Gewissensdilemma, die Not eines selbstbestimmten Sterbens besser als Giordano schildern? Den bewegenden Worten eines Gelehrten und Leidenserfahrenen ist nichts hinzufügen. Es ist auch unser Credo. Wie engstirnig nehmen sich dem gegenüber die Forderungen der Ewiggestrigen aus!

Umso mehr vermissen wir erhellende Beiträge zur Sterbehilfe von der deutschen Sektion der Internationalen Schriftsteller-Vereinigung P.E.N. (Poets essayists novelists) und den Verbänden der Künstler. Kein Aufruf zu Toleranz und Weitsicht an die Politiker in Sicht! Was spielt sich da in den Köpfen ab?

Öffentlich vorsichtig den letzten Schritt

Selbst die mit dem menschenwürdigen Sterben befassten Gesellschaften und Stiftungen, wie die Deutsche Gesellschaft für Humanes Sterben und die Giordano-Bruno-Stiftung, gehen, zumindest öffentlich, in ihren Forderungen nach klaren Regeln nicht konsequent den letzten Schritt. Zur Forderung Suizidwilliger nach einem Sterbeset aus der Apotheke, das nach Gutdünken verwendet werden kann, äußern sich diese Vereine vorsichtig. Immerhin haben sie sich für die 2009 gesetzlich geregelte

Patientenverfügung mit Nachdruck engagiert, die den Willen des Einzelnen, beispielsweise nach einem schweren Unfall medizinisch nicht mehr versorgt zu werden, weitgehend respektiert.

Konsequent nur Einzelkämpfer

Da bleibt es wenigen Einzelkämpfern überlassen, sich laut und deutlich auf das Grundgesetz, die Menschenwürde, Selbstbestimmung, Meinungs- und Religionsfreiheit zu berufen und davon das Recht auf den selbstbestimmten Tod ohne Wenn und Aber abzuleiten und einzufordern. Einige von ihnen, der Schriftsteller Wolfgang Herrndorf, das Multitalent Gunter Sachs und der ehemalige Intendant des Mitteldeutschen Rundfunks, Udo Reiter, wählten den menschenunwürdigen Freitod durch Kopfschuss, weil ihr Ruf nach dem Grundrecht Menschenwürde und letzter Hilfe ungehört im deutschen Parlament verhallte.

Beiseite gefragt: Sind die Grundrechte nur eine Chimäre, die den Müttern und Vätern des Grundgesetzes bei den Beratungen im Bonner Königs-Museum für Naturkunde inmitten der dort ausgestellten ausgestopften Tiere und Tierskelette mal eben erschienen ist? Da hatten die Urheber unserer Verfassung noch die Erfahrungen und Verletzungen eines verbrecherischen Regimes in den Knochen, die sie nachdrücklich in ihre Überlegungen zum Aufbau von Demokratie und Rechtsstaat mit einbezogen, wie wir in den Protokollen und einschlägigen Kommentaren zum Grundgesetz nachlesen können. Die Grundrechte aber, daran ist nicht zu deuteln, waren für die Verfasser des Grundgesetzes Abwehrrechte des Einzelnen gegenüber staatlicher Willkür, in wohl bedachter Abkehr von der Weimarer Verfassung. Dort sind die Grundrechte nicht alle geltendes Recht und manche bloß als Programmsätze zu verstehen.

Unser Grundgesetz (GG) – ein unbekanntes Wesen?

Aus meiner Sicht hat kaum jemand, jedenfalls was den Durchschnittsbürger betrifft, das Grundgesetz gründlich gelesen und sich zu Eigen gemacht. Zugegeben: Auch ich habe mich nach langer Abstinenz erst beruflich angeregt mit dem GG befasst. Mit dem Abitur in der Tasche, für mich 1958, gab uns die Schule ein Exemplar in schwarz-rotgoldenem Umschlag mit dem Bundesadler-Aufdruck ohne Kommentar mit auf den Weg. Unversehens und ungelesen wanderte der schmale Band ins Bücherregal und verstaubte. Nun muss der Mensch nicht mit dem Grundgesetz unterm Arm durchs Leben laufen. Aber darin sind wir uns doch zweifellos einig, dass Demokratie nicht gelebt werden kann, wenn wir nicht unsere Grundrechte und Grundpflichten sowohl kennen als auch wahrnehmen.

Wenn wir uns schon in der alten Bundesrepublik mit dem Grundgesetz schwertaten, wie weit mag dann die Aufklärung über die Grundrechte in den neuen Bundesländern nach 25 Jahren Wiedervereinigung gediehen sein? Aus meiner beruflichen Erfahrung in den Jahren von 1991 bis 1997 im innenpolitischen Bereich der ostdeutschen Länder zog ich die Erkenntnis: Viele ehemalige DDR-Bürger, die zwangsweise die Diktatur erlebt haben, mussten mühsam lernen, die plötzliche Freiheit für sich umzusetzen, die Chancen der persönlichen Entfaltung und der Selbstbestimmung zu ergreifen, die ihnen die Grundrechte gewähren.

Wer beispielsweise in Schulen und in der Erwachsenenbildung Vorträge über die Aufgaben des Verfassungsschutzes hielt, musste zunächst das ABC buchstabieren, d. h. ausführlich auf die Grundrechte eingehen. Dies sollte Aufgabe der Schule und nicht des Referenten aus der innenpolitischen Verwaltung sein. Doch aufgeschreckt durch weltweite Terrorakte und wachsende Fremdenfeindlichkeit sind die Menschenrechte, erfreulicherweise, neuerdings Lehrstoff an unseren Bildungsstätten.

Debattenmaßstab: christliche Lebensanschauung

Solche Wissenslücken bei den Mitgliedern des Deutschen Bundestags (MdB) festzustellen, wäre eine unverschämte Vermutung und Zumutung. Aber was in den Zusammenhang der Orientierungsdebatte zur Sterbebegleitung hineingehört hätte, eine Erörterung der entsprechenden Grundrechte, die Menschenwürde und Selbstbestimmung garantieren, habe ich beim Lesen der Redebeiträge vermisst. Zwar werden die Vokabeln „Selbstbestimmung" und „Menschenwürde" zitiert, aber nur einmal wird ausdrücklich auf das Spannungsverhältnis der Grundrechtsartikel 1 und 2 eingegangen. Auch von der Auffassung der Radikalbefürworter eines friedlichen Wunschtodes, der selbstbestimmt, d. h. frei von jeglichen Zwängen vollzogen wird, war nichts zu hören.

Was hielt die Volksvertreter der 18. Wahlperiode seit 1949 davon ab? Offensichtlich entscheiden christliche Werte und der Druck der Amtskirchen, wenn es um existentielle Fragen geht. Die von der Aufklärung betonten Werte wie die Individualrechte treten in den Hintergrund. Die Schere im Kopf finden wir ebenso bei den Konfessionslosen. So verlief die Debatte stark geprägt von der christlichen Lebens- und Weltanschauung.

Der Abgeordnete im religionspolitischen Korsett?

Warum ist das so? Grundsätzlich ist die Bundesrepublik Deutschland geprägt durch ein besonderes Verhältnis von Staat und Kirche. Das Grundgesetz fordert einen weltanschaulich neutralen Staat. Es schreibt keine Weltanschauung vor, um dem Bürger Religionsfreiheit zu ermöglichen. Durch das Reichskonkordat von 1933 erhielten die Staatskirchen, katholische wie evangelische Kirche, einen gewissen Spielraum, beispielsweise für das Erheben der Kirchensteuer und für karitative Werke, wie das Einrichten von Kindergärten und Krankenhäusern. Wie weit dieser Staatsvertrag zwischen dem Deutschen Reich und dem Vatikan noch heute gültig ist und der weltanschaulich neutrale Staat dadurch zurückgedrängt wird, ist Gegenstand eines Dauerstreits zwischen Laizisten und der Mehrheit der veröffentlichten Meinung auf der einen und den Kirchenvertretern und ihren Anhängern auf der anderen Seite. Fordern die einen, die Religionen, die Kirchen sollen sich gefälligst zurückhalten und der Staat einen säkularen Humanismus fördern, so bestehen die anderen auf den sozialen Leistungen der Kirchen und ihre christlich-ethische Kompetenz, die zum Halt der Gemeinschaft beitrage. Diese Auseinandersetzung bestimmt nachhaltig den öffentlichen Diskurs, vor allem in ethischen Fragen, so auch die Debatte über die Sterbehilfe.

Die politischen Strukturen der Bundesrepublik sind heute nach wie vor tief geprägt vom Staat-Kirche-Verhältnis, wie es sich in der Nachkriegszeit im Westen Deutschlands gebildet hat. Nach Beiträgen von Theologen, Historikern und Philosophen im Magazin *Neue Gesellschaft/Frankfurter Hefte: Die Politik der Religionen, Nr. 11/2014* hat sich die institutionelle Verflechtung von Religion und Politik eher verfestigt als gelockert, obwohl Katholiken heutzutage abweichend davon leben, was ihnen die katholische Familien- und Sexualmoral vorschreibt. Noch ein weiteres Phänomen gibt zu bedenken: Zahlreiche führende Politiker sind nicht nur Kirchenmitglieder sondern haben auch leitende Positionen in den Amtskirchen. Der Krakeeler Hermann Gröhe beispielsweise ist seit 1997 Mitglied in der EKD-Synode und war bis 2009 zudem EKD-Ratsmitglied.

Vor diesem Hintergrund wird verständlich, dass Politik dazu neigt, die sich wandelnde Lebenseinstellung und Lebenswirklichkeit der Bürger auszuklammern und den Wählerwunsch zu missachten. Doch wenn schon im so genannten Hohen Haus über grundlegende existentielle Fragen diskutiert wird, dann sollten wir von dessen Mitgliedern erwarten, dass sie alle Aspekte beleuchten, darunter auch die strikte Position einer Minderheit der Bürger, und davor nicht hasenfüßig einen Haken schlagen.

Als eine der wenigen Ausnahmen hat die SPD-Politikerin Ingrid Matthäus-Maier Respekt vor jeder Position, auch die der Minderheit, und verurteilt die strikten Gegner der Lebenshilfe: *„Es ist ein Skandal, dass Sterbehilfe kriminalisiert wird. Was ‚lebenswert' ist, kann nur der Betroffene beurteilen. ... In einem religiös-weltanschaulichen neutralen Staat darf die eigene religiöse Überzeugung nicht anderen aufgezwungen werden – vor allem nicht im Strafrecht."* (aus: Frankfurter Allgemeine Zeitung vom 26. Juli 2014)

Verschlusssache Sterbehilfe

Dass jetzt im Parlament über Sterbehilfe debattiert wird, ist öffentlichem Druck zu verdanken. Jahrzehntelang war das Thema im Deutschen Bundestag Verschlusssache. Nach dem 2. Weltkrieg gab es zwar immer wieder, und in jüngster Zeit häufiger, Anregungen aus der Wissenschaft und Justiz, die Sterbehilfe neu zu bewerten. Auch Humanistische Vereine drängten zu klaren Regeln. Aufsehen erregte beispielsweise Mitte der 70er Jahre der umstrittene Mehrfachmediziner Karl-Heinz (Julius) Hackethal, der ein paar Jahre lang eine Krebsklinik leitete und für die aktive Sterbehilfe eintrat. In politischen Kreisen jedoch herrschte Unwillen und eine zwanghafte stille Übereinkunft, den Tod totzuschweigen. Das mag in den unmittelbaren Nachkriegsjahren nach den NS-Verbrechen mit der Euthanasie verständlich gewesen sein.

Während sich also die Parteien hinter der Angst verschanzten, sich mit diesem heiklen Thema befassen zu müssen, überließen sie den Gerichten die schwierige Entscheidung, wo die Grenze zwischen der Hilfe zum Suizid und der Fremdtötung zu ziehen ist. Erst 2012 durchbrach die FDP in der Schwarz-Gelben Koalition die politische Schweigemauer. Die damalige liberale Bundesjustizministerin Sabine Leutheusser-Schnarrenberger brachte einen Gesetzentwurf ein, und die Volksvertreterinnen und Volksvertreter rafften sich auf, leider kraftlos und kurzatmig. Am 29. November 2012 als Tagesordnungspunkt in erster Beratung, kurz vor Mitternacht und vor fast leeren Bänken, wurde der Gesetzesantrag, womit die organisierten Sterbehilfevereine verboten werden sollten, ohne Aussprache an die Ausschüsse verwiesen. Auf Merkels lakonischen Beschluss hin wurde die Initiative auf Eis gelegt.

Initiative sinnvoll oder nicht: Hier sei die Frage erlaubt, was die Volksvertreter, „an Aufträge und Weisungen nicht gebunden" (Artikel 38 GG) – sich wert sind. Worin sehen sie ihre Aufgabe? Als erste Gewalt im demokratischen Staat – „Alle Staatsgewalt geht vom Volke aus" (Artikel 20 GG) - oder als nachgeordnete Dienststelle der Regierung? In diese Richtung verläuft die Entwicklung der parlamentarischen Rechte und Befugnisse, die in Kontrolle, Initiative und Mitwirkung bestehen. Zu Recht bejammert Bundestagspräsident Norbert Lammert Schwächen im parlamentarischen Betrieb und ruft nach Reformen, die die volle Kontroll- und Funktionsfähigkeit der Volksvertreter herstellen sollen.

Anstöße für das „anspruchsvollste Gesetzgebungsprojekt"?

Zwei Jahre später: Donnerstag, 13. November 2014. Ein trüber Herbsttag. Es ist kurz vor 9 Uhr. Noch immer eilen Abgeordnete ins Berliner Reichstagsgebäude und weiter in den Plenarsaal unter seine gläserne Kuppel. Bundestagspräsident Lammert läutet die Glocke und eröffnet damit die Aussprache. Zwei Drittel der Sitze sind jetzt besetzt, auf der Regierungsbank fehlt Bundeskanzlerin Angela Merkel, „andere Termine" halten sie ab. Das passt in ihre innenpolitische „Strategie": Lass erst einmal die Anderen, dann packe die Argumente zusammen und wenn's nicht passt, lass keine Taten folgen. Basta!

„Mit diesem Tagesordnungspunkt beginnen wir das vielleicht anspruchsvollste Gesetzgebungsprojekt dieser Legislaturperiode", leitet Lammert die Debatte ein. Ob sich die Abgeordneten dessen bewusst sind? Hier und da raschelt Papier, ansonsten herrscht besonnene Aufmerksamkeit, ungestört von sonstiger Heiterkeit oder Parteiengezänk. Später werden einige Medien des Lobes voll sein, „bewegende Debatte" oder „klug und besonnen wie selten" titeln.

Es geht um den Ernst des Lebens und Sterbens, und der Gesetzgeber kann nicht mehr ausweichen, er muss auf die vielen Anstöße reagieren. In den Abgeordnetenbüros stapeln sich Bürgerbriefe, Studien, Expertenaufsätze, Schriften und Ratschläge zum Thema Sterbehilfe. Ein Sammelsurium aus Für und Wider.

Die Öffentlichkeit, gestärkt durch Meinungsumfragen, ließ nicht mehr locker und mahnte eine neue Initiative an. Außerdem war die CDU/CSU abgeschreckt von der ungenierten Werbung eines geschäftsmäßig organisierten Sterbehelfers (Fall Kusch). Bundesgesundheitsminister Hermann Gröhe stellte sich an die Spitze der Entrüsteten und forderte ein strafrechtliches Verbot, öffentlich unterstützt vom Fraktionskollegen Volker Kauder und der CSU.

Kurzerhand setzten die beiden Protestanten eine so genannte Orientierungsdebatte im Plenum für den 13. November 2014 durch. Die Abgeordneten sollten sich zunächst im Gestrüpp der Meinungen und Vorschläge zur „Sterbebegleitung" Orientierung verschaffen. So weit so gut. 48 Redner haben sich gemeldet, nach viereinhalb Stunden geben die letzten ihre Rede zu Protokoll, die Diskussion ist beendet. Einige tragen ihre Gedanken leidenschaftlich vor, beflügelt von eigenem Erleben, andere nüchtern mit dem Verdikt „ Alles verbieten".

Fünf Entwürfe werden vorgestellt – fünf Positionen zeichnen sich ab. Am weitesten geht BÜNDNIS 90/Die Grünen (Lisa Paus, Renate Künast), annähernd DIE LINKE (Matthias Birkwald, Petra Sitte). Auch einige der SPD (Karl Lauterbach, Carola Reimann) und aus der Unionsfraktion heraustretend Peter Hintze befürworten die ärztliche Beihilfe zum Suizid, aber mit Einschränkungen.

Nach den Reden und Positionspapieren gehen die Vorstellungen quer durch die Parteien. Allen gemeinsam ist die begrüßenswerte Forderung nach einer verbesserten Palliativmedizin- und Hospizversorgung. Hier bleibt die Mehrheit der Unionsmitglieder stehen, und es zeichnet sich ab: Das Ergebnis am Ende der Beratungen im Herbst 2015 wird dem Rechnung tragen. Darüber hinaus ist ein Verbot der organisierten Beihilfe zum Freitod in Sicht. Weiter soll es den Ärztinnen und Ärzten vorbehalten bleiben, ihren Willen als gemeinsame Aufgabe standesrechtlich zu regeln. Das heißt, neben der Aufgabe, Leben zu erhalten, soll auch die aktive Sterbehilfe in aussichtslosen Krankheitsfällen als ärztliche Aufgabe wahrgenommen werden – oder auch nicht, am liebsten nicht.

Eins zwei drei im Pilgerschritt

In bildhafter Vorstellung drängt sich der Eindruck des variierten Pilgerschritts auf. Bei der CDU/CSU: ein Schritt vor, drei Schritte zurück; bei der SPD und DER LINKEN: ein Schritt vor, zwei Schritte zurück; bei BÜNDNIS 90/Die Grünen: zwei Schritte vor, ein Schritt zurück, mit wenigen radikaleren Ausnahmen. Wobei für den Bürger in der Ausschau nach der Gans letztlich nur das magere Mäuslein übrigbliebe, das in die Falle tappt.

Der Pilgerschritt der Parlamentarier hinter die jetzige rote Linie der Sterbehilfe, beklagt der Medizinethiker Dieter Birnbacher, missachte den Bürger: *„Angesichts der realen Verhältnisse zeugt der Versuch, die in Deutschland ohnehin erheblich eingeengten Möglichkeiten der Sterbehilfe zu beschneiden, nicht nur von Geringschätzung des Rechts auf Patientenselbstbestimmung, sondern auch von mangelnder Fürsorge."* (aus Stellungnahme auf der Pressekonferenz zur Vorstellung des Buchs „Letzte Hilfe" am 10. Oktober 2014 in Berlin)

Die Gründe für obige Klage fasst der Urologe und Sterbehelfer **Uwe Christian Arnold** zusammen, der sich seit Jahren mit dem Thema Lebenshilfe auseinandersetzt. Die Politiker *„spekulieren wild über die möglichen Konsequenzen der Sterbehilfe, nehmen aber die empirischen Daten aus den Ländern, die Freitodbegleitungen seit Jahren praktizieren, überhaupt nicht zur Kenntnis. Tatsächlich führt die Akzeptanz von Freitodbegleitungen nicht zu einer Verschlechterung, sondern zu einer Verbesserung der palliativmedizinischen Versorgung. Und die Zahl der Verzweiflungssuizide steigt nicht etwa an, sondern geht zurück."* (lies Uwe Christian Arnold: Letzte Hilfe. Reinbek bei Hamburg 2014, im Anhang Literaturangaben)

Schwelbrand um den Paragraphen 218 StGB

Alles schon mal erlebt. Wenn es um existentielle Fragen geht, treten die christlich geprägten und rückwärts gewandten Lebens- und Weltvorstellungen unserer Volksvertreter mit ihren Vorurteilen besonders stark ans Tageslicht. Paradebeispiel: der Streit um den Schwangerschaftsparagraphen 218 im Strafgesetzbuch (StGB).

Verstehen wir uns: In einem demokratisch verfassten, pluralistischen Staat wie die Bundesrepublik Deutschland ist der in ziviler Manier ausgetragene Streit um den besten Weg ein Markenzeichen verlässlicher Politik. Deshalb wird nicht einfach im Plenum entschieden, sondern jeder Gesetzentwurf wird in Fachausschüssen auf Herz und Nieren geprüft und notfalls geändert, bevor er ins Plenum zurückkehrt und beschlossen wird. Dabei haben auch die Lobbyisten, nicht immer uneigennützig, das Wort.

Nur kann der beste Weg keinesfalls der Rückschritt in die Zeit vor der Aufklärung sein, wie es bei verschiedenen Vorhaben unserer Politiker den Anschein hat. Die verklemmte Sicht auf die Sterbehilfe trägt solche Züge und erinnert dabei schmerzhaft an die Debatten über den Paragraphen 218 StGB.

Schon im ersten Jahrzehnt des 20. Jahrhunderts fordern Frauenrechtlerinnen die Abschaffung des Paragraphen. Doch bürgerlich-konservativ gesinnte Frauenvereine verhindern eine Freigabe des Abbruchs. Auch der 1920 von 55 SPD-Abgeordneten im Reichstag eingebrachte Antrag, der vorsieht, den Schwangerschaftsabbruch nicht mehr unter Strafe zu stellen, scheitert. Abbruchwillige Schwangere müssen den Weg ins Ausland oder zu den so genannten Engelmacherinnen finden, unter deren Händen so manche Frau stirbt. Das blutige Handwerk, wobei sich sowohl die Schwangere als auch ihre Helferin strafbar machte, blühte über Jahrzehnte in der Anonymität.

Anfang der 60er Jahre des letzten Jahrhunderts bekamen die Diskussion und die Forderung nach Freigabe des Schwangerschaftsabbruchs neue Nahrung durch die zweite Welle der Frauenbewegung. Ihre Losungen *„mein Bauch gehört mir"* und *„ob Kinder oder keine, bestimmen wir alleine"*, noch in lebhafter Erinnerung, entfachten die Debatte ebenso wie geänderte Einstellungen der Achtundsechziger zur Sexualethik und zum Geschlechtsverkehr.

Der Druck gegen den Paragraphen 218 wurde stärker, als sich 374 Frauen gegen ihre „Entmündigung" wehrten und im Magazin „Der Stern" bekannten: *„Wir haben abgetrieben!"* Ihre Forderungen nach Selbstbestimmung wurden schließlich von der sozial-liberalen Koalition unter Bundeskanzler Willy Brandt aufgenommen. Anträge zur Reform des Strafrechts umfassten auch die Neuregelung des Paragraphen 218 StGB. Doch der „Fristenregelung", die SPD und FDP befürworteten, widersetzten sich CDU und CSU hartnäckig. Gegen ihren Vorschlag einer „Indikationsregelung" setzte sich 1974 im Deutschen Bundestag mit knapper Mehrheit die Fristenregelung durch.

Wer meinte, damit kehre Ruhe ein, irrte. Die CDU klagte, und das Bundesverfassungsgericht urteilte, „Fristenregelung? Verfassungswidrig"! Als Kompromiss einigten sich die politischen Lager 1976 auf eine abgewandelte „Indikationsregelung".

Nach der so genannten politischen Wende brach der Streit von neuem los: Eine interfraktionelle Gruppe weiblicher Abgeordneter des Deutschen Bundestags kämpfte für die Rettung der ostdeutschen „Fristenregelung" gemeinsam mit Frauen der letzten frei gewählten Volkskammer. Vergeblich. Das Problem wurde vertagt, und so gab es im vereinigten Deutschland eine ostdeutsche und eine westdeutsche Regelung. Diese Sonderheit wird 1993 durch ein neues Gesetz aufgehoben. Teile dieses Gesetzes scheitern wieder beim Bundesverfassungsgericht – neues Gesetz, nochmals im Jahr 2010 geändert – der Streit dauert bis heute an.

Fazit: Schwangerschaftsabbruch ist erlaubt, aber mit Einschränkungen. Wider alle Unkenrufe trat weder die befürchtete „sexuelle Verwilderung" ein, noch stieg die Anzahl der Schwangerschaftsabbrüche. Im Gegenteil: Nach der amtlichen Statistik ist die Zahl gesunken.

Flickenteppich Europa

Verlassen wir das Innenleben unseres Parlaments und seine Auswirkungen auf den Alltag der Bürgerinnen und Bürger und werfen einen Blick auf das europäische Ausland und die Lebenshilfe. Dort wurschtelt jedes Land vor sich hin. In Europa können sich, außer in der Schweiz, nur die Bürgerinnen und Bürger der Benelux-Staaten auf ein liberales Sterbehilferecht berufen. Ob Italien, Spanien oder Frankreich – überall wird die Sterbehilfe kontrovers diskutiert. Kurz: Die Länder der Europäischen Union und des Europarats ziehen längst nicht an einem Strang. Das hat die Spruchpraxis des Europäischen Gerichtshofs für Menschenrechte in Straßburg erschwert, der Beschwerden der Bürger an die rechtsprechenden Instanzen des jeweiligen Landes zurückverwies.

Heutiges Sterbehilferecht – Überbleibsel aus dem 19. Jahrhundert

In der Deutung und Fixierung des Rechts auf Selbstbestimmung wagen sich in Deutschland die Gerichte am weitesten vor. Strafrechtswissenschaftler warnen vor falscher Regelwut des Parlaments. So hält der mit dem Medizinstrafrecht vertraute Würzburger Professor Dr. **Eric Hilgendorf** eine strafrechtliche Regulierung der Sterbehilfe, die Abgeordnete des Deutschen Bundestags, wie Hermann Gröhe und Volker Kauder fordern, für unnötig und verfassungswidrig:

„Der medizinische Fortschritt hat trotz vielfältiger neuer Möglichkeiten der Leidenslinderung das Sterben in vielen Fällen nicht leichter sondern schwerer gemacht. Es ist heute möglich, den Sterbeprozess in erheblichem Umfang zu verlangsamen und Menschen über Monate oder gar Jahre in einem oft qualvollen Zustand zwischen Leben und Tod zu erhalten. Dieser Entwicklung wird das Recht bislang nicht gerecht – es fehlen dem heutigen Stand der Medizintechnik angemessene Regeln des Umgangs mit dem Tod. Dies gilt zum einen für die rechtlichen Regelungen über die Vergabe schmerzstillender Betäubungsmittel – noch immer liegt Deutschland in dieser Hinsicht weit hinter anderen Ländern zurück – zum anderen aber auch und gerade für das Kernstrafrecht: die im Zusammenhang mit der Sterbehilfe wichtigsten Straftatbestände stammen noch aus der Frühzeit des StGB (Strafgesetzbuch) von 1871 und wurden nur mit wenigen Änderungen bis heute beibehalten. Dagegen gab es im Zivilrecht in den letzten Jahren wesentliche für die Sterbehilfe relevante Reformen, vor allem die rechtliche Anerkennung der Patientenverfügung im Jahr 2009 ... Insgesamt lässt sich in der – vor allem von der Judikative vorangetriebenen – Rechtsentwicklung der letzten drei Jahrzehnte eine deutliche Tendenz zu einer stärkeren Berücksichtigung des Selbstbestimmungsrechts der Patientinnen und Patienten erkennen." (aus: JuristenZeitung Nr. 11/2014)

Was darf der Gesetzgeber?

Bei solchen juristischen Bedenken stellt sich die Frage: Welche Aufgaben hat die Legislative und wo stößt sie mit ihrem Handeln an ihre Grenzen? Der Gesetzgeber hat bei seiner Tätigkeit Schranken zu beachten, die ihn von der Verfassung, also vom Grundgesetz gesetzt sind.

Daran ist nicht zu rütteln. Die Abgeordneten sind vor allem an die Grundrechte als unmittelbar geltendes Recht gebunden. Mit anderen Worten: Bevor ein Gesetz beschlossen wird, muss geprüft werden, ob es gegen die Verfassung, gegen die Grundrechte verstößt, die den Vorrang vor dem Gesetz haben.

Grundrechte sind Abwehrrechte, sie schützen uns, jeden einzelnen Bürger vor staatlicher Willkür. Wenn der Deutsche Bundestag, wie geplant, über ein neues Sterbehilferecht beschließen sollte, muss er darauf achten, dass er die Allgemeinheit und Gleichheit des Gesetzes wahrt. Greift er in die private Sphäre des Bürgers ein, so darf er diesen damit nicht übermäßig belasten. Individualrechte, wie Menschenwürde, Religions- und Meinungsfreiheit, dürfen nicht verletzt werden. Doch diese Rechte werden durch ein Urteil des Bundesverfassungsgerichts (BVerfG) eingeschränkt. Danach hört die Freiheit des Menschen, seine Persönlichkeit zu entfalten, dort auf, wo die Rechte anderer verletzt werden:

„Der Einzelne muss sich diejenigen Schranken seiner Handlungsfreiheit gefallen lassen, die der Gesetzgeber zur Pflege des sozialen Zusammenlebens in den Grenzen des bei dem gegebenen Sachverhalt allgemein Zumutbaren zieht, vorausgesetzt, dass dabei die Eigenständigkeit der Person gewahrt bleibt."

Kurz: Die Abgeordneten begeben sich auf Glatteis. Sie müssen entscheiden, ob sie dem Recht des Einzelnen auf selbstbestimmten Tod Vorrang geben oder dem Gemeinschaftsrecht. Letzteres bedeutet: Die Parlamentarier müssen abwägen, ob der selbstbestimmte Tod des Einzelnen der Gemeinschaft wesentlich schadet. Zweifellos ein schwieriger Balanceakt. Hilfreich für ihre Entscheidung ist der Kommentar zum Grundgesetz des Staatswissenschaftlers und Richters **Dieter Hesselberger**: *„Die Würde des Menschen und das Grundrecht auf freie Entfaltung der Persönlichkeit (Art. 2 Abs. 2) sichern dem einzelnen einen unantastbaren Bereich privater Lebensgestaltung, der der Einwirkung der öffentlichen Gewalt entzogen ist. Das verfassungskräftige Gebot der Achtung der Intimsphäre verbietet jeden Eingriff in den absolut geschützten Kernbereich privater Lebensgestaltung. Selbst überwiegende Interessen der Allgemeinheit, etwa das Interesse an einer effekti-*

ven Strafverfolgung, rechtfertigen nicht Maßnahmen, die diesen Kernbereich verletzen." Wie sich das Parlament auch immer entscheidet, der Bürger kann dagegen mit einer Beschwerde vor das BVerfG ziehen. Dann muss das Gericht die Spannung zwischen Individuum und Gemeinschaft, die bei einigen Grundrechten auftritt, lösen, indem es, bildhaft gesehen, deutet, wohin die Waage neigt. (lies Dieter Hesselberger: Das Grundgesetz. Kommentar zur politischen Bildung, Literaturauswahl im Anhang)

Mit anderen Worten: Der Artikel 2 Abs. 1 in Verbindung mit Artikel 1 des Grundgesetzes gewährt dem Einzelnen eine Sphäre privater Lebensgestaltung, die ihm nicht genommen werden kann. Nur wichtige öffentliche Interessen geben das Recht auf einen Eingriff. **Im Zweifel – das ist der entscheidende Hinweis - spricht die Vermutung zugunsten der Freiheit des Bürgers.** Bezogen auf die aktive Sterbehilfe bedeutet das: Wenn bei der Freigabe der aktiven Sterbehilfe deren Auswirkungen, wie der befürchtete „Dammbruch", die „soziale Schieflage" und „Missbrauch", nur vermutetet werden können, müsste dem Bürger das Recht auf den selbstbestimmten Tod zuerkannt werden. Quod est demonstrandum! Was, verehrte Frau Abgeordnete, verehrter Herr Abgeordneter, zu beweisen ist!

Bundesverfassungsgericht päpstlicher als der Papst?

Doch bekommt der Bürger auch sein Recht beim Hohen Gericht? Seit längerem wird beklagt, dass sich das Bundesverfassungsgericht gegen eine wachsende Flut von Beschwerden zu wehren hat. Doch die meisten Klagen, aus der Not geboren und von Rechtsanwälten angestrengt, werden für nichtig erklärt und abgeschoben. Dabei berufen sich die Richter auch auf den Paragraphen 93 a Abs. 1 und 2 des Bundesverfassungsgerichtsgesetzes (BVerfGG). Dieser Paragraph, seit 1993 im BVerfGG, gibt dem Bundesverfassungsgericht ein für den Bürger völlig undurchsichtiges Werkzeug an die Hand. Ein Ausschuss aus drei Richtern kann eine Beschwerde zurückweisen, ohne dies begründen zu müssen und dieses Urteil für unanfechtbar erklären. Einen solchen Fall haben wir in der schon erwähnten Schrift „Kann denn Sterben Sünde sein?" beschrieben. Ein Schwerkranker hatte gegen das geltende Sterbehilferecht beim BVerfG geklagt und wurde ohne Begründung abgewiesen. Ist das Bundesverfassungsgericht unfehlbar?

Dies wirft die weitere Frage nach der Zusammensetzung des Gerichts auf. Die je acht Richter der zwei Senate werden zu einer Hälfte vom Deutschen Bundestag, der dafür einen Wahlausschuss bildet, und zur anderen Hälfte vom Bundesrat gewählt. Das heißt, die im Bundestag und Bundesrat vertretenen Parteien können und nehmen Einfluss auf die Besetzung des Gerichts. Das, so die Kritik, führt auch zu Fehlentscheidungen, beispielsweise indem ein im Verfassungsrecht wenig bewandertes Parteimitglied ins Richteramt gehievt wird statt einer Persönlichkeit mit soliden Kenntnissen in diesem Bereich. Kann ein nach Parteienproporz besetztes Gericht noch unabhängig urteilen, wie es das Grundgesetz vom Hohen Gericht verlangt?

Es fehlt die Sicht über den Tellerrand

Seitensprung in die Zukunft: Haben wir, jetzt im 21. Jahrhundert, dazu gelernt, seitdem wir uns als „vernunftbegabte" Wesen wahrnehmen? Immer wieder verstellen wir unseren Blick mit Vorurteilen und kleinkarierten Bedenken. Diese Wand verhindert den großen Entwurf, den Gesellschaft und Politik neben dem Alltagsgeschäft brauchen. Fragen sich die Politiker, was in fünf Jahrzehnten sein wird? Ob Sterbehilfe dann noch etwas bedeutet? Abwegig ist das nicht.

Das Thema „Lebenshilfe" ist ergiebig, Der deutsche Pflegenotstand, die unzureichende Versorgung im Bereich der Palliativmedizin und die Verquickung unseres Gesundheitswesens mit vorrangig profitorientierten wirtschaftlichen Interessen war Gegenstand unserer Schrift „Kann denn Sterben Sünde sein?" Hier muss schnell etwas geschehen. Denn andere Entwicklungen, wie die demografische, drohen mit neuem Unheil.

Die Bevölkerung unseres Planeten wächst beängstigend. Die Erde wird, nach geologischer Zeitrechnung bald, unbewohnbar sein. Dazu wartet die trockene Statistik des britischen Wissenschaftlers **Stephen Emmott** mit erschreckenden Zahlen auf:

„Wir Menschen traten als Spezies vor ungefähr 200.000 Jahren auf den Plan. In geologischer Zeit gerechnet, ist das nicht mehr als ein Wimpernschlag.

Noch vor 10.000 Jahren lebte eine Million Menschen auf der Erde. Um 1800, vor gerade einmal 200 Jahren, war es eine Milliarde. Vor 50 Jahren waren es drei Milliarden.

Jetzt sind wir mehr als sieben Milliarden.

Im Jahr 2050 werden Ihre Kinder oder die Kinder Ihrer Kinder zusammen mit mindestens neun Milliarden anderen Menschen auf diesem Planeten leben.

Irgendwann gegen Ende dieses Jahrhunderts werden wir mindestens zehn Milliarden Menschen sein. Möglicherweise sogar mehr."(lies Stephen Emmott: 10 Milliarden, Literaturauswahl im Anhang)

Selbst die Kirche erwacht

Ob Papst Franziskus über diese Zahlen so erschrocken war, dass er die Familienplanung der Katholiken kritisierte? Die Einlassung des Kirchenobersten sollte uns nachdenklich machen. Auf dem Rückflug seiner Asienreise im Januar dieses Jahres mahnte er:

„Manche Menschen glauben – entschuldigen Sie den Ausdruck -, dass sich gute Katholiken wie die Karnickel vermehren müssen."

Lieber Pontifex, lass deinen Worten nun Taten der Verhütung folgen! Und bedenke auch dies: In unserer postmodernen Gesellschaft glauben selbst Priester nicht mehr an Gott. Nach einer Umfrage in der Anglikanischen Kirche halten ihn zwei Prozent der Geistlichen für ein menschliches Gedankengebilde, und weitere 16 Prozent hegen Zweifel. Immer mehr Menschen treten aus den Kirchen aus. Die digitale Technik ist dabei, unser Leben von Grund auf zu ändern. Ist die Menschheit noch zu retten?

Kehrtwende um 180 Grad?

Nach dieser düsteren Vorschau zurück in die Gegenwart, unter die lichte Kuppel unseres Parlaments. Die Schlusslesung des Sterbehilfegesetzes ist anberaumt. Der Plenarsaal ist gut gefüllt. Selbst die Bundeskanzlerin ehrt das Hohe Haus mit ihrer Anwesenheit. Gespannt richten sich Fotoapparate und Fernsehkameras sowie Mikrofone auf die Versammelten, Hände bewegen sich auf Notebook-Tastaturen, Bleistifte und Kugelschreiber liegen bereit. Die Glocke läutet, der Bundestagspräsident:

„Wir kommen jetzt zum Tageordnungspunkt Nummer YX, letzte Beratung des von interfraktionellen Gruppen eingebrachten Gesetzentwurfs zur Sterbehilfe ...Dazu haben die Abgeordnete A und der Abgeordnete B einen Änderungsantrag eingebracht. Sind die Damen und Herren Abgeordneten damit einverstanden? Ich sehe und höre keinen Widerspruch. Bitte, Frau Abgeordnete A."

A: „Herr Präsident, meine Damen und Herren, wir beschließen heute über die existentielle Frage des Sterbens, des menschenwürdigen Sterbens. Wir haben den entsprechenden Gesetzentwurf in den Ausschüssen gründlich beraten, das Ergebnis liegt uns zur Beschlussfassung vor. Zunächst wollen Kollege B und ich uns bedanken für die faire Zusammenarbeit in der Auseinandersetzung über diese heikle Frage, quer durch die Fraktionen.

Wenn wir heute abstimmen, soll allein das Gewissen eines jeden von uns entscheiden. Wir haben unser Gewissen befragt und sind zu dem Schluss gekommen, dass wir dem Sterbehilfegesetz, wie es uns vorliegt, nicht zustimmen können. Und wir bitten auch Sie, Kolleginnen und Kollegen, um Ihr Nein. Warum? Mit dem neuen Sterbehilferecht würden wir das schon ramponierte Vertrauen der Wählerinnen und Wähler weiter erschüttern und deren so genannte Politikverdrossenheit verstärken.

Denn, meine Damen und Herren, es ist uns doch allen klar, dass das Ergebnis unserer Beratungen nur der kleinste Nenner unseres Konsenses ist. Indem wir die aktive Sterbehilfe und jede Form der Beihilfe strafrechtlich verbieten, schurigeln wir die Menschen da draußen und stellen sie wie Kindergartenfrevler in die Strafecke. Das kann nie und nimmer unsere Aufgabe sein. Wir rufen den Bürger ständig auf, Verantwortung zu übernehmen, engen aber sein Recht, sein Leben selbstbestimmt zu gestalten, durch immer neue Regeln ein. Dass wir an die Grundrechte unserer Verfassung, die wir damit verletzen, gebunden sind, muss ich hier nicht wiederholen.

Deshalb unser Antrag, über den wir viele Nächte gebrütet haben und für den wir um Ihre Zustimmung bitten:

1. Der Gesetzentwurf mit den Ausschussänderungen wird ad acta gelegt.

2. Die aktive Sterbehilfe wird erlaubt. Nach dem Grundgesetz hat jeder Einzelne das Recht, sein Leben und Sterben so zu gestalten, wie er will, es sei denn, er verletzt die Interessen der Gemeinschaft. Dies kann aus unserer Sicht nur vermutet werden und ist damit hinfällig. Nimmt der Sterbewillige die aktive Sterbehilfe in Anspruch, muss er bekunden und sich von zwei Ärzten beraten lassen, die ihn auch über die Alternativen, wie Palliativmedizin und Hospizunterbringung, hinreichend aufklären.

3. Der Patient muss seinen Willen schriftlich niederlegen. Darauf weist sein Lebenshilfeausweis hin, in dem ebenfalls vermerkt ist, ob eine Patientenverfügung vorliegt und Organspendebereitschaft besteht.

4. Das Betäubungsmittelgesetz wird geändert: Betäubungsmittel wie Natrium Pentobarbital und andere spezielle Arzneimittel sind rezept- und apothekenpflichtig zugelassen und können als Sterbeset vom mündigen Bürger in der Apotheke erworben werden.

5. Pflegedienst, Palliativmedizin und Hospizversorgung werden ausgebaut.

6. *Die Ärzteschaft wird aufgefordert, ihre Berufsordnung dahingehend zu ändern, dass ärztliche Assistenz beim Suizid als Aufgabe neben der vorrangigen Aufgabe, Leben zu erhalten, begründet wird.*

7. *Sterbehelfer und Sterbehilfe-Vereine können unter strenger Kontrolle ihres wirtschaftlichen und finanziellen Gebarens tätig werden. Hier ist auch die Wächterfunktion der Medien stärker gefragt.*

Meine Damen und Herren, das sind unsere Forderungen, ansonsten sehen wir keinen Regelungsbedarf. Ich danke für Ihre Aufmerksamkeit."

Jähe Stille unter der Glaskuppel, die minutenlang anhält, während der Bundesadler augenzwinkernd herabblinkt ...

Wir überlassen unsere Phantasie nun den geehrten Leserinnen und Lesern und der baldigen Entscheidung derer, die wir für unsere Belange in den Deutschen Bundestag gewählt haben.

Der Streit hat nun ein Ende,
klapp klapp den Buchdeckel zu,
dass es kein Mäuslein werde,
hoffen ich und du!

Argumente der Gegner der Sterbehilfe

Die Gegner der Sterbehilfe haben drei Hauptargumente:

1. Das Schuldgefühl und die Verantwortung der Deutschen wegen der „Euthanasie" im 3. Reich, bezogen auf das Ermorden psychisch kranker, geistig und körperlich behinderter Menschen, insbesondere auch im Zusammenhang mit dem Holocaust.

2. Das christliche Dogma: Gott habe dem Menschen das Leben geschenkt, nur er darf es ihm wieder nehmen.

3. Unser Sittenkodex, also die Normen, Werte, Zivilisation und Sozialisation als verbindliche Regeln des Zusammenlebens.

Schauen wir uns diese drei Argumente, bezogen auf die Sterbehilfe, näher an.

1. Euthanasie und Holocaust

Der Begriff Euthanasie wurde im 3. Reich zum Beschönigen von Verbrechen gegen die Menschlichkeit und die Menschenrechte missbraucht. Ursprünglich heißt Euthanasie „guter Tod, schöner Tod, gute Tötung". Das ist das Gegenteil von dem, was im 3. Reich, während des Hitlerfaschismus, geschah. Hitler und seine Schergen benutzten das Wort Euthanasie als Alibi, um ihre Verbrechen zu bemänteln und zu beschönigen. Wie sah die Wirklichkeit damals aus und wie heute?

Gegen ihren Wunsch und Willen wurden im 3. Reich rund 6 Millionen Menschen ermordet. Sie wollten nicht sterben, hatten nichts verbrochen und niemanden Schaden zugefügt. Ihr einziges „Vergehen" war, dass sie nicht den Vorgaben des Staates für Arier entsprachen. Zu den ermordeten gehörten überwiegend Juden, Sinti, Roma, Behinderte, Staatsgegner und so genannte nichtarische „Untermenschen".

Gegen ihren Wunsch und Willen wird in der Bundesrepublik Deutschland Bürgern, die sterben wollen, ein legaler Freitod verboten. Sie wollen weiter nichts, als selbstbestimmt aus dem Leben scheiden. Sie haben nichts verbrochen und niemandem Schaden zugefügt. Ihr Wunsch wird auf vielfältige Weise vereitelt. Selbstmord, wie es im Volksmund heißt, ist ein Tabuthema. Es ist für einen Normalbürger kaum möglich, sich eine Gebrauchsanleitung für einen sicheren, schönen, sanften, schnellen Freitod zu besorgen. Sollte es ihm über Beziehungen und einschlägige Literatur dennoch gelingen, stellt er fest, dass sich die erforderlichen Medikamente nicht beschaffen lassen. Das bekannteste und bewährteste Medikament „Natrium-Pentobarbital", wurde aus dem Handel genommen. Nicht einmal mit einem speziellen Rezept nach dem Betäubungsmittelgesetz, das einem ohnehin kein Arzt ausstellt, ist es erhältlich. Es wurde sogar aus dem Sortiment der Rauschmittel herausgenommen. Versucht ein Bürger „Natrium-Pentobarbital" illegal, über das Internet zu erwerben, macht er die böse Erfahrung, auf Trickbetrüger und Rauschgiftfahnder hereinzufallen. Sie bieten Natrium-Pentobarbital sehr teuer an und kassieren mit Vorkasse ab, liefern aber nicht. Das sind reine Tatsachen, im Jahr 2014 gewissenhaft recherchiert. So wird es bereits seit vielen Jahren in unserer pluralistischen Gesellschaft mit ihrer verfassungsmäßigen, parlamentarischen Demokratie gehandhabt. Geplant ist eine weitere Verschärfung durch Gesetz, um den selbstbestimmtem Freitod noch konsequenter unterbinden zu können.

Meine persönliche, unmaßgebliche Meinung. Wie im Hitlerfaschismus werden auch in der Bundesrepublik Deutschland der Wunsch und Wille des Bürgers missachtet. Staatsräson ist oberste Pflicht! Im Prinzip blieb die urdeutsche Denkweise erhalten, sie ist seit dem Kaiserreich Tradition. Ganz bewusst sage ich im Prinzip, damit mir keiner einen Strick aus meiner Meinung drehen kann. Ich setze den Hitlerfaschismus nicht mit unserer Bundesrepublik gleich, sondern erinnere nur mahnend an die überkommene Denkweise. Das Erquickende in unserer schönen Bundesrepublik ist ja, dass wir Meinungsfreiheit haben und bei Wahlen sogar mitregieren dürfen. Dazu später.

Zum Holocaust: Verbrechen, vergleichbar dem Holocaust, gibt es, seit wir Menschen uns zivilisiert haben und sesshaft geworden sind. Seitdem wurden rund 1,5 Milliarden Menschen massakriert und 15 Milliarden verkrüppelt. Die Kriegsinvaliden sind die Opfer unvollkommener Waffen, wir arbeiten intensiv an besseren.

Die Äolsharfe der Zukunft

Das Lied des Windes auf dem Weg in eine ungewisse Zukunft beschwört Ängste. Du hast Gewissensbisse, Kinder in die Welt zu setzen, aus Misstrauen vor der Zivilisation. Ein Blick in das verwunschene Zimmer der Zukunft verheißt nichts Gutes - was erwartet deine Kinder?

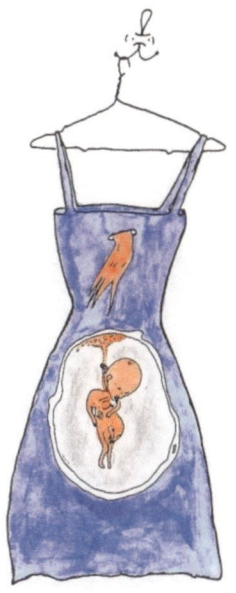

Existieren ohne zu leben in zeitlosem Gehorsam - die eigene Lebenslüge bewahrend auf dem Weg zur Selbstzerstörung - einfachste Wahrheiten verneinend - die Instinkte verkümmert - hörig bis zur Selbstaufgabe - sich selbst fremd ...

Alles Natürliche, selbst Blumen, Vögel und Insekten erregen Todesfurcht - ihr Eigenleben verwirrt die Sinne. Künstliches und Vorprogrammiertes geben die Sicherheit zurück. Was ist Liebe? Ein genehmigungspflichtiges Relikt! Liebessimulatorpillen werden aus älteren Genstrukturen gewonnen. Sie werden an Ehepaare ausgegeben, um sie zum Kauf eines Retortenbabys zu stimulieren. Mysteriöse Genseuchen vernichten ganze Erbanlagen. Die letzte große Seuche raffte alle Kulturschaffenden dahin - niemand bemerkte es.

Das „Rote Kreuz" erhellt die Gesichter. Es ist zum Symbol geworden und wird als Plakette getragen mit der Inschrift: „Ehret den Krüppel, das Opfer unvollkommener Waffen." Höchster Geheimhaltung unterliegt immer noch die Militärtechnik, die angeblich auch der Allgemeinheit zugutekommen soll. Ein Beispiel für die militärische Entwicklung ist der Mehrzwecksoldat. Er wird über seine Gehirnströme ferngesteuert, und man kann seine Körperlänge und sein Gewicht verändern. Die durchschnittliche Lebensdauer eines Soldaten wird damit in Kriegszeiten auf vier Jahre erhöht und beträgt in Friedenszeiten theoretisch 100 Jahre. Dafür wurde ein Verfahren der Teilkonservierung entwickelt, das auch zivil genutzt wird.

In nuklearen Sommern spazieren Schulklassen in leichter Gammakleidung über die Erdoberfläche auf der Suche nach Überresten vergangener Kriege für ihr Heimmuseum und ihre Bastelstunden. Es wird viel gelacht.

*Eine neue soziale Errungenschaft sind Organspender. Damit wird unter anderem das Arbeitslosenproblem brillant gelöst. Organspender führen ein kurzes, sorgenfreies und gesundes Leben bis zum Ausreifen ihrer Spenderorgane. Besonders beliebt ist, wegen der langen Reifezeit, das Spenden von Weisheitszähnen. Weisheitszahnspender gelten als Glückspilze der Nation. Bekommt der Organspender noch vor der Organreife einen **GA** (**G**esicherter **A**rbeitsplatz), muss er weiterleben, denn Berufstätige sind aus Qualitätsgründen für Organspenden nicht mehr geeignet. Diese soziale Überlebenschance schafft Ruhe und ermöglicht dem Staat ein ungehindertes Wachstum.*

Sprachlos, mit verstopften Ohren und blinden Augen wird selbst der Tod zu einer freundlichen Gabe, derer du dich eines nicht fernen Tages erfreuen darfst.

Bereits in der Antike wurden Völker ausgerottet oder versklavt. Das 1000jährige Römische Reich führte 1000 Jahre Krieg. Die Kreuzzüge waren Raubmord im Namen des Christentums. Die Thugs, eine indische Mördersekte, die die Göttin Kali verehrte, brachten aus kultischen Gründen eine Millionen Menschen um. Die Indianer, von Alaska bis Feuerland, wurden fast ausgerottet. Die Bartholomäusnacht und die Hugenottenverfolgung waren Massenmorde. So ging es munter weiter, ich erinnere an Stalin, Mao, Pol Pot, Atombomben auf Hiroshima und Nagasaki. Besonders brillant dokumentiert ist der 2. Weltkrieg mit 60 Millionen Toten und 6 Millionen grausam Ermordeten. Deutschland begann den Krieg und skandierte: „Heute gehört uns Deutschland und morgen die ganze Welt". Auch der Korea- und Vietnamkrieg mit Napalmbomben sind erwähnenswert.

Das 21. Jahrhundert ist eine Missgeburt. Kaum eine Regierung besitzt noch das Vertrauen des Volkes. Ohne dieses Vertrauen ist kein Staat regierbar. Der Sieg des Kapitalismus stellte sich als Pyrrhussieg heraus, wir schieben die Probleme vor uns her, bis sie zurückschwappen und uns verschütten. Zu allem Überdruss lässt man uns noch nicht einmal selbstbestimmt sterben, weil die Dummologie Allgemeingut ist, weil der Blick über den Tellerrand scheinbar blind macht.

Was bitteschön haben der Holocaust und die Euthanasie im 3. Reich mit der Lebenshilfe in der Bundesrepublik gemeinsam? Hier einen Zusammenhang zu konstruieren, ist absurd. Unsere CDU/CSU, Ableger der Kirchen, missbraucht und verschleiert die beiden Worte und benutzt sie als Argumente für ihre Interessenpolitik. Erzittere und gehorche ist Bürgerpflicht.

2. Das christliche Dogma

Es mag ja zutreffen, dass der Christengott für Christen allwissend und unfehlbar ist. Seine aus dem Paradies vertriebene Schöpfung ist es leider nicht. Die einzige offizielle Ausnahme ist der Papst, seit dem Ersten Vatikanischen Konzil im Jahr 1870, alle Päpste davor waren nachweislich fehlbar.

Als Fehlbarkeitsbeweis verweise ich nochmals auf die Käseglockentheologie. Die Erde ist ein Scheibe und der Mittelpunkt der Welt, darüber wölbt sich der Himmel. Seit dem Mittelalter ist dieses Weltbild umstritten. Tiefgläubige, nostalgische Christen bewahren es bis heute. Dagegen gibt es nichts einzuwenden, denn glauben, woran auch immer, muss jeder Mensch – ohne Ausnahme! Dass in der Bundesrepublik derzeit rund 60 Prozent der Bürger Christen sind, liegt daran, dass sie als Säuglinge getauft wurden. Ob das juristisch einwandfrei ist?

Mit den Menschenrechten und unserem Grundgesetz bekennen wir Bundesbürger uns zur Glaubensfreiheit. Mit dieser Glaubensfreiheit haben wir in unserem weltlichen Staat eine Vereinbarung getroffen, die allen Bürgern gerecht wird. Die Menschenrechte und daraus entlehnt die Grundrechte in unserem Grundgesetz sind die geisteswissenschaftlichen Axiome der Menschheit. Bis auf Widerruf haben wir nichts Besseres zu bieten.

Was der liebe Christengott, außer für Christen, gegen die Lebenshilfe (aus christlicher Sicht Sterbehilfe) einzuwenden hat, ist unerklärlich. Kein Bundesbürger verbietet einem Christen, gemäß seinem Glauben, sein Leben zu leben und seinen Tod zu sterben. Dasselbe müssen alle Christen, entsprechend dem Gesellschaftsvertrag, auch allen Nichtchristen zubilligen, sonst bricht die Gemeinschaft auseinander. Die Christianisierung der Welt ist, zumindest laut Grundgesetz, ausgeträumt. Legt jemand Wert auf eine Chronik „2000 Jahre Kirchenfaschismus"? Ich schreibe sie ihm.

Die theologische Lehre, dass das christliche Heil allen Menschen bestimmt und für alle erreichbar ist, hat mich zum Glück nicht erreicht. Mir ist diese Lehre so schnurzpiepegal wie ein Riesenstern, der in 10 Billionen Lichtjahren explodiert.

Mehren sich die Kirchenaustritte wegen der unannehmbaren Dogmen der Kirchen, so rechne ich mit einem Einlenken. Das würde mich mit der Kirche aussöhnen. Also stellt euch nicht so an! Keiner hat das Vorrecht des „richtigen Glaubens".

3. Unser Sittenkodex

Liebe Sittenwächter, bevor Sie uns Tattergreise und Befürworter der Lebenshilfe kritisieren und vergattern, sollten Sie erst einmal den bundesdeutschen Sittenkodex des Jahres 2014 definieren. Der Nobelpreis wäre ihnen sicher!

Wir Tattergreise haben uns damit auseinandergesetzt und sind zu dem Ergebnis gekommen, dass unser Sittenkodex nicht definierbar ist, er ändert sich ständig. Das ist so, seit es die menschliche Zivilisation gibt, nur das Tempo hat enorm zugenommen. Was also ist sittlich?

Schauen wir uns die Liebe an: Es gab und gibt die Polygamie (Vielehe); Monogamie (Einehe); Polyandrie (Vielmännerei); Exogamie (Eheverbot); Inzest (Blutschande); Onanie (Selbstbefriedigung); Homosexualität (gleichgeschlechtliche Liebe, Lesben und Schwule); Sodomie (Unzucht mit Tieren); Bigamie (Doppelehe); Multisexologie (Vielerlei) und weitere Delikatessen. Alles war irgendwann, irgendwo sittlich und dann wieder unsittlich. In unserer pluralistischen Gesellschaft kommen noch die legale Sexindustrie und Erotikshops hinzu. Sie bieten an: Gummipuppen, Vibratoren, Sex- und Erotikfilme, Potenzmittel, Verhütungsmittel, Peitschen, Ketten, und anderes Sexspielzeug. Auch die käufliche Liebe ist sittenkonform, berufstätige Prostituierte zahlen Steuern und haben eine Gewerkschaft. Eingeweihte frönen dem Regenbogensex, Öffisex, Zwingerclub, Soft- und Hardcoresex. Unsere neueste sittliche Errungenschaft sind schwangere Lesben, künstlich besamt. Eine Vorstufe zum ewigen Leben. Gelänge es uns, uns zu klonen, könnte jeder in seinem Doppelgänger weiterleben. Er brauchte nur noch seinen Gehirninhalt (Geist, Wissen, Erfahrung) zu überspielen, wie die Festplatte von einem PC auf einen anderen.

Was, um alles in der Welt, hat unser Sittenkodex mit der Sterbehilfe im Sinn? Wir sind gespannt darauf – ist Sterben unsittlich? Gestorben wird zu jeder Stunde. Das „Wie" war schon immer umstritten. Warum sollte ein Bundesbürger im 21. Jahrhundert nicht selbstbestimmt sterben dürfen? Wer hat ihm seinen Todeszeitpunkt vorzuschreiben? Ebenso wie ein mündiger Bürger in einer Fahrschule seinen Führerschein erwirbt und danach Autofahren darf, müsste er in einer Lebensschule seinen Lebenshilfeausweis erwerben können und aus dem Leben scheiden dürfen, wie und wann es ihm gefällt.

Wo ist der Unterschied? Jeder mündige Bürger mit entsprechender Zulassung darf sich Fahrzeuge, Alkohol, Tabakwaren, Waffen und was nicht noch alles kaufen. Daran sterben mehr Bürger, als Freitod begehen. Unser Staat fördert das sogar und schröpft die Käufer zusätzlich ab, durch Steuern, Versicherungen und Abgaben. Das verstößt offenbar nicht gegen unseren Sittenkodex. Und was, werte Damen und Herren Parlamentarier und Konsorten, geschieht täglich mit uns Tattergreisen und Pflegebedürftigen?

Sie zwingen uns zum Weiterleben, obwohl wir nicht mehr wollen. Sie fesseln uns ans Bett, um uns ruhig zu stellen, verweigern uns geeignete Medikamente für unseren Wunschtod. Und wenn wir nach langem, qualvollem Siechtum elend verrecken, öffnen Sie huldvoll ein Fensterchen, damit unsere Seele leichter in den Himmel flattern kann. Für wie blöd halten Sie uns?

Brauchen Sie mehr Beweise für Ihr Unvermögen als 10 000 bis 20 000 illegale Freitode jährlich; Staatsschulden in Billionenhöhe; Millionen Arbeitslose und Obdachlose; 50 Prozent besitzlose Bundesbürger, die an der Armutsgrenze rumdümpeln; ein Prozent Superreiche, die 50 Prozent des Volksvermögens besitzen? Dazu weltweit Unruhen, Kriege, Hunger, Terror und Falschmeldungen wie die Atombomben im Irak, mit Beweisbildern, über die Medien verbreitet. Wer soll Ihnen noch vertrauen?

Das ist Ihr Werk, das Werk der Regierung, des Parlaments, der Oligarchen, Konfessionen und sogenannten Persönlichkeiten des öffentlichen Lebens, die als Beglücker der Menschheit in die Geschichte eingehen wollen. Wenn Sie uns schon aus Unfähigkeit, Machtstreben, Geldgier und Geltungsbedürfnis das Leben versauern, sollten Sie uns wenigstens einen stillen, friedlichen, schönen Tod gönnen. Wenn unsere Sterbeindustrie auf ihre Pfründe und Gewinne nicht verzichten kann, zahlen wir gerne einen guten Preis für unseren Wunschtod. Es kann nicht teuer genug sein. Mitnehmen können wir ohnehin nichts, und die Sozialkassen werden zusätzlich entlastet. Deshalb unsere herzliche Bitte an die Staatsmacht, Sterbeindustrie, Konfessionen: Vergießen Sie großherzig ein paar Krokodilstränen und drücken Sie uns, symbolisch, liebevoll die Augen zu. Soviel Anstand sollten unsere, vom Volk gut bezahlte, Parlamentarier wenigstens aufbringen.

Alle Befürworter der Lebenshilfe sollten, als Bekenntnis zum Freitod, die CDU/CSU abwählen und aus der Kirche austreten. Sonst glaubt uns keiner, dass wir es ernst meinen. Bewirkt das nichts, bleibt uns immer noch der illegale und halblegale Ausweg. Helfen wir uns gegenseitig und lassen uns nicht erwischen. Sich mit der Staatsmacht anzulegen ist völlig sinnlos, sie lässt sich nur durch ihre eigenen Waffen läutern, durch List, Verschlagenheit, stillen Boykott und satte Lügen. Auf diese Weise hat im Jahr 1989 die DDR friedlich ausgehaucht. Wir Bundesbürger haben es durch die freien Wahlen, unser kleines Kreuzchen, einfacher, einen Freifahrtschein in eine bessere Zukunft zu lösen. Nutzen wir unsere Chance und entsorgen die Gegner der Lebenshilfe. Der Himmel steht ihnen allzeit offen, auch ohne Mandat.

Inwiefern verstößt die Lebenshilfe gegen den bundesdeutschen Sittenkodex? Für mich ist sie ein sittliches Gebot, im Einklang mit den Menschenrechten und unserem Grundgesetz.

Zusammenfassung und Auswertung

Liebe Gegner der Lebenshilfe, Sie haben weder die Schuldgefühle wegen der Verbrechen im Naziregime, noch den Glauben und die Sitte gepachtet. Ihre Argumente sind Hinkebeinchen, haltlos und unannehmbar, ein Versuch der Volksverdummung. Was sind die Hintergründe, wenn sie uns Bürgern unseren Wunschtod versagen? Unsere Sterbewünsche wären leicht erfüllbar, sie stehen im Einklang mit den Menschenrechten, unserem Grundgesetz und der Europäischen Menschenrechtskonvention. Die traurigste Vorstellung im Staatstheater bieten die C-Parteien, die Kirchen, die Juristen und die Ärzteschaft. Ein jämmerliches Geheul, in Geistlosigkeit vereint.

Unsere großen Parteien nennen sich Volksparteien. Laut Umfragen sprechen sich über Zweidrittel des Volkes, ihre Wähler, für eine humane Sterbehilfe aus. Viele Prominente haben sich klar und eindeutig dazu bekannt. Ihre Argumente entsprechen der öffentlichen Meinung, also den Wünschen der meisten Bürger. Das sollte unsere Parteien aufmerken lassen, falls sie weiterhin regieren möchten.

Unsere Kirchen sollten sich lieber in Demut üben statt aufzutrumpfen. In der Bundesrepublik darf jeder Christ seinen Glauben unbehelligt ausleben, von der Wiege bis zur Bahre. Kein Land auf der Erde ist so kirchenfreundlich wie die Bundesrepublik, ich erinnere nur an die Kirchensteuer. Dass es auch Andersgläubige gibt, ist das Mindeste, das die

Kirchen tolerieren und akzeptieren müssen. Sie sind nicht die einzige Glaubensrichtung, unser Grundgesetz garantiert Glaubensfreiheit für alle Bundesbürger.

Unsere Verfassungsrichter verkaufen sich als Klüngeljuristen. Das Hüten des Grundgesetzes und der Menschenrechte sollte ihre vornehmste Aufgabe sein. Wenn laut Grundgesetz der selbstbestimmte Tod zu den Rechten eines jeden gehört, müssen sie das ahnden, wenn die Staatsregierung dagegen verstößt. Als Rechtsexperten haben sie eine Kontrollfunktion. Auch ein Richter ist ein Bürger und hat das Recht, eine Verfassungsbeschwerde einzureichen. Geht es um die eigene Gehaltserhöhung, können unsere Richter und Staatsanwälte erstaunlich gute Musterklagen beim Verfassungsgericht einreichen.

Unsere Ärzteschaft ist ein Kapitel für sich, ihre Leitmotive sind blinder Gehorsam, Existenzangst, Standesdünkel, und als Alibi der Eid des Hippokrates. Niemand verlangt von einem Arzt, dass er aktive Sterbehilfe leistet. Was wir Patienten erwarten und uns wünschen, ist eine offene und ehrliche Aufklärung. Auch über Medikamente und ihre Eignung für einen Freitod. Alle Ärzte sollten wenigstens so viel Mut und Anstand haben, auf Wunsch des Patienten, einen Facharzt oder Sterbehelfer zu empfehlen, der Verständnis für sterbewillige Patienten hat, sie berät und ihnen hilft.

Liebe Mitbürger, lasst euch nicht für dumm verkaufen! Wer die Hauptschule schafft, ist auch befähigt, seine Rechte und Pflichten zu begreifen. Das Grundgesetz reicht als Handlungsrahmen völlig aus und ist allgemeinverständlich. Es wäre die Aufgabe der Schule, jeden Schüler über das Grundgesetz aufzuklären. Die Fächer Philosophie und Staatsbürgerkunde bieten sich an. So wie es heutzutage in der Bundesrepublik aussieht, sind wir noch weit entfernt von einer pluralistischen Gesellschaft, einer verfassungsmäßigen, parlamentarischen Demokratie und einem Rechtsstaat.

Wie sieht die Wirklichkeit aus? Wir leben in einer Gesellschaft mächtiger Interessengruppen, die über uns verfügen. Wir werden zu Konsumenten mit unendlichen Bedürfnissen erzogen, die sich aus Besitzgier selbst versklaven. Statt Kette und Peitsche disziplinieren uns Existenzangst, Schulden, Abhängigkeiten, Gesetze und Wunschträume. Die meisten Bundesbürger sind fremdbestimmte Arbeitnehmer. Ihre Wünsche und Träume stehen in jedem Werbeprospekt: Schulabschluss, Beruf, Auto, Eigenheim, Reisen, Traumpartner, Freizeitvergnügen (Bezahlkultur), Familie, Freunde, Fernsehen, Internet, Anerkennung, beruflicher Erfolg, schicke Klamotten und viel Geld. Alles zusammen überfordert den Einzelnen. Er läuft seinen Lebenswünschen hinterher, ohne jemals ans Ziel zu kommen. Wenn der Bürger das irgendwann begreift, ist es längst zu spät. Das sind die Tragödie und der Siegeszug des Kapitalismus. Statt dem Bürger einen Lebensinhalt zu vermitteln, der ihn durchs Leben trägt, wird er zum Konsumenten erzogen und durch seine Konsumsucht gnadenlos ausgebeutet. Wer nicht mitmacht, gilt als Versager. Die Bürger der DDR hatten ihre Ohnmacht begriffen und wurden aufmüpfig, die Bundesbürger werden durch verführerische Anreize bis hin zur palliativmedizinischen Versorgung, kurz vor dem Tod, ruhig gestellt. Mit der Marktwirtschaft zur Sargwirtschaft. Eine pompöse Beerdigung ist teurer als ein Luxusauto.

Ganz Aktuell! Unsere Parlamentarier veranstalteten im Jahr 2014 nach Christi Geburt eine Orientierungsdebatte über die Sterbehilfe. Was kam dabei heraus? Sie verteufeln fast einhellig die wenigen Sterbehelfer. Unsere persönlichen Gespräche mit Sterbehelfern belegen, dass ihre Lebensnähe, Menschlichkeit und Sittlichkeit höher zu bewerten sind, als die der meisten Parlamentarier, Ärztekämmerer, Justizbeamten und kirchlichen Würdenträger. Es gehört mehr Nächstenliebe, Erbarmen und Verständnis dazu, einem Menschen bei seinem Wunschtod zu helfen, als ihn in ein Pflegeheim abzuschieben und für ihn zu beten. Jeder, der mit dem Tod in Berührung kommt, sei es persönlich, in der Familie, bei Nahestehenden, Kameraden oder auch nur bei geliebten Haustieren, weiß, was Betroffenheit ist. Er akzeptiert die Wünsche seiner Mitmenschen aus Achtung vor dem Leben und dem unvermeidlichen Tod. Ein Sterbewunsch ist ein Lebenswunsch, aus dem Leben geboren.

Eine gute Bekannte von mir, ich kenne sie seit über 50 Jahren, hatte einen Schlaganfall. Seit einem Jahr liegt sie stumm und leblos im Krankenhaus. Kaum einer ihrer Bekannten und Freunde besucht sie noch, weil das keiner mental verkraften kann. Man fühlt sich wie in einem Totenzimmer, vollgestopft mit Apparaten und hofft, dass der Kelch an einem vorüberzieht. Es kann ja jeden, in jedem Augenblick, ebenso treffen. Und unsere Parlamentarier palavern in einer Orientierungsdebatte über die Sterbehilfe und bemitleiden sich, weil sie sich mit diesem undankbaren Thema beschäftigen müssen. Viel lieber schachern sie mit Waffen und schicken deutsche Soldaten in den Krieg, um in der „freien Welt" Wahlen zu gewinnen. Was sagt man dazu? Wir sollten umdenken, lassen Sie sich von der folgenden Tierfabel inspirieren.

Ein Hundeleben

Der letzte Gruß von Tango dem Sittenstrolch

Herrchen hat wie immer Wort gehalten und mich schmerzlos einschläfern lassen, als ich am Ende war. Mir schmeckte nichts mehr, ich torkelte verwirrt umher und suchte mir stille Ecken zum Sterben. Herrchen nahm mich zärtlich in seine Arme, schmuste mit mir, und der Tierarzt schläferte mich ein. Ich bemerkte es gar nicht. Nun müssen Frauchen und Herrchen ohne mich zurechtkommen, ich hoffe, sie können das gut verkraften. Kein Leben ist ewig! Euch allen wünsche ich Gesundheit, ein erfülltes Leben und einen schönen Tod, so wie ich es hatte.
Euer Freund, Sir Tango Blizzard of Ore Mountain. Grüße auch von Frauchen und Herrchen. Anbei meine Biografie

Trabuhn, den 10. Dezember 2014

SIR TANGO BLIZZARD OF ORE MOUNTAIN

TANGO DER

WOLLHAARIGE SITTENSTROLCH

VAMPPYRRHUSVERLAG

Tango, der wollhaarige Sittenstrolch

Vor kurzem wurde ich zwei Jahre alt und bin nun ein ausgewachsener Schlittenhund der Rasse „Siberian Husky". Was ich schon alles erlebt habe, kann sich niemand vorstellen. Geboren wurde ich am 15. Oktober 1999 in einem kleinen Dorf im Erzgebirge. Mein Vater hieß „Sledge". Er war der Leithund unseres Rudels. Meine Mutter hörte auf den Namen „Bessy". Unsere Ahnentafel geht zurück bis auf meine Ur-Ur-Großeltern und enthält 30 Vorfahren. Ich erhielt den Taufnamen „Blizzard", weil ich zum zweiten Wurf meiner Mutter gehörte und deshalb der erste Buchstabe meines Rufnamens ein „B" sein musste. Mein späteres Herrchen nannte mich „Tango", weil ich so temperamentvoll und anschmiegsam war. Ich wuchs zusammen mit meinem Bruder und drei Schwestern auf. Zum Rudel gehörten noch zehn erwachsene Schlittenhunde, die sich aber kaum für mich interessierten. Deshalb spielte ich meistens mit meiner Mutter und meinen Geschwistern in einem umzäunten Garten. Mein Vater und sein Rudel lebten in einem großen Zwinger, warteten auf den ersten Schnee und träumten von Schlittenhunderennen.

Mein neues Herrchen

Als ich 15 Wochen alt war, kamen eines Tages zwei Männer in einem Auto zu uns. Der eine von ihnen, ein grauhaariger, dicker, wurde mein Herrchen. Als er mich zum ersten Mal erblickte, kuckte er pikiert. Solch einen Schlittenhund wie mich hatte er nicht erwartet. Ich sah aus wie eine dicke Raupe mit Stummelbeinchen, umhüllt von einem weißen, zotteligen Fell. Meine langen Bauchhaargrannen schleiften über den Fußboden. Das Rückenfell war gezeichnet von einem dunklen Sattel, als wenn man mir eine kleine, schmutziggraue Decke übergeworfen hätte. Auf meiner buschigen, weißen Rute befand sich ein kreisrunder, dunkler Fleck, der der Rute scheinbar einen Knick gab. Meine Augen waren weder blau, noch grün noch eiskalt stahlgrau, wie bei den Huskys im Fernsehen, sondern braun. Die Kopfform glich einem jungen Eisbären.

Die schwarze Nase und die spitzen Ohren waren von einem wolligen, weißen Fell eingerahmt. Meine an sich schnittige Figur verdeckte mein dicker, wollhaariger Pelz.

Was man ebenfalls nicht sah, war mein dominantes Wesen und meine abstammungsbedingten Eigenschaften. Ich war putzmunter, sagenhaft neugierig, gewaltig verfressen und lernte erbarmungslos schnell sowie kompromisslos. Mein Fell und mein Aussehen entsprachen nicht der vorherrschenden Mode. Die dicke Wolle hatte mir mein Ur-Ur-Großvater „Ascan" vererbt. Er war einer der besten Leithunde seiner Zeit. Zu seinen Lebzeiten war wolliges Fell ein anerkanntes Rassemerkmal. Mich bestrafte man wegen des dicken Felles mit einem Zuchtverbot. Die Begründung lautete: „Haarart wooly". Aus diesem Grund wollte mich wohl auch niemand von der Schickeria. Ich war ihnen zu hässlich.

Mein zukünftiges Herrchen war extra meinetwegen 500 Kilometer angereist. Wie weit das war, verschlief ich bei der Rückfahrt, so lange dauerte sie. Geld hatte Herrchen auch dabei und ohne Schlittenhund wollte er nicht wieder wegfahren. Er sagte sich: „Frauchen und Herrchen sind auch aus der Mode, da passen wir ganz gut zusammen." Später vereinbarte er mit Frauchen, dass sie mich geschenkt bekommen hätten. Auf dem Land, wo wir wohnen, hätte niemand verstanden, dass jemand für einen Wollknäuel wie mich 1000 Kilometer weit fährt und 1500 DM bezahlt, wo es doch in jedem Tierheim Hunde umsonst gibt. Doch das nur am Rande.

Die Autofahrt in mein neues Zuhause verlief problemlos. Herrchen saß neben mir auf dem Rücksitz, die eine Hand streichelte mich, ich kuschelte mich an ihn und schlief ein. Einmal hielten wir an, und ich machte verschlafen Pipi neben einem Baum. Der Fahrer des Autos war ganz überrascht davon, wie brav ich war. Was hatte er erwartet? Ich war hundemüde. Das leichte Vibrieren des Autos, die Wärme und die Geborgenheit durch Herrchens Ruhe wirkten regelrecht betäubend.

Mein Einstand

In meinem neuen Zuhause im Wendland, bekannt durch das Atommülllager Gorleben, standen alle um mich herum. Frauchen sagte: „Das ist aber ein süßer, drolliger Kerl", und ich kackte einstweilig eine großen Haufen mitten auf die Dielen im Vorraum. Weil das niemanden störte, setzte ich noch ein kleines Häufchen und Pipi daneben. Ich erfasste blitzschnell, dass dieses schöne, große Haus mein neues Hundeklo war. Wahrlich pompös. Von diesem Gedankenblitz konnte mich niemand mehr abbringen. In den ersten Tagen markierte ich alle Räume und Ecken. Nur die Küche und Omas Zimmer durfte ich nicht betreten. Das war zwar bedauerlich, aber es gab auch so genug Platz. Hygienisch war es auch. Kaum hatte ich mich erleichtert, kamen sofort Frauchen oder Herrchen und entfernten meine Hinterlassenschaften. Im Laufe der nächsten Wochen wurde es allerdings immer schwieriger für mich, in Ruhe mein Geschäft zu machen. Trotzdem war ich sehr geschäftstüchtig.

Herrchen oder Frauchen gingen alle zwei Stunden mit mir Gassi, das förderte meine Verdauung. Im Haus passten sie ständig auf mich auf, und jedes Mal, wenn ich mich erleichtern wollte, störten sie mich und trugen mich vor das Haus. Ich nutzte deshalb jeden Augenblick ihrer Unaufmerksamkeit und vollzog das Notwendige. Eines Tages, bei einem langen Gassi, konnte ich nicht mehr warten und beschmutzte die schöne Natur. Welch ein Wunder, Herrchen lobte mich dafür und gab mir sogar ein Leckerli. Wieder zu Hause bekam ich Appetit auf ein Leckerli, machte vor der Kommode, auf der die Leckerli lagen, einen gewaltigen Haufen und sah Herrchen erwartungsvoll und schwanzwedelnd an. Weil der nicht gleich spurte, machte ich noch Pipi dazu, sicher ist sicher. Doch Herrchen sagte nur: „Der Schuss ging nach hinten los." Ich bekam kein Leckerli, Herrchen übersah mich einfach.

Erst nach über zwei Monaten stellte ich anhand von Versuchen und Erfahrungen fest, dass ich mich auch außerhalb des Hauses lösen durfte, so nennt man das bei Hunden. Das war sogar bequemer und erwünscht. Nachdem ich diese Alternative erwogen und getestet hatte, wurde ich extrem stubenrein. Es hatte Vorteile. Mit dem Lösen war immer noch ein zusätzliches Gassi herauszuschlagen. Einmal nachts, ich hatte Durchfall, versuchte ich viele Stunden lang Herrchen und Frauchen auf mein Problem aufmerksam zu machen. Sie reagierten nicht und sagten nur immer wieder: „Was hat er denn heute nur?" Als ich es beim besten Willen nicht mehr aushielt, schlüpfte ich heimlich, still und leise in Omas verbotenes Zimmer und erleichterte mich dort. Frauchen dachte am nächsten Morgen, es sei die Oma gewesen. Doch die stritt das ab. Herrchen und Frauchen verziehen mir diesen Ausrutscher. Statt mich zu bestrafen, schien Herrchen sogar stolz auf meine Pfiffigkeit zu sein. Er wusste, dass Omas Zimmer nur eine Notlösung für mich gewesen war, und ich mich dafür schämte. Wäre Herrchen gleich am Tage meiner Ankunft auf die Idee gekommen, mich so lange draußen zu lassen, bis ich mich gelöst hätte, wäre mir niemals eingefallen, im Haus ein Häufchen zu machen.

Der erste Monat in meinem neuen Heim barg viele Überraschungen. Bereits nach drei Tagen kannte ich die Kommandos „Sitz" und „Platz". Herrchen nahm ein kleines Rindfleischbröckchen zwischen zwei Finger - mein Lieblingsleckerli - und sagte immer wieder „Sitz, Sitz, Sitz...". Als ich mich zufällig einmal hinsetzte, gab er mir sofort das Leckerli. Nach dem dritten Mal Hinsetzen begriff ich, was er von mir wollte. Wenn er danach ein Fleischbröckchen zwischen die Finger nahm, saß ich bereits. Alle anderen Kommandos lernte ich auf die gleiche Weise. Oft ging ich alle Kommandos, die ich kannte, blitzschnell durch, noch bevor Herrchen etwas gesagt hatte. Ich machte „Sitz", „Platz" und „Wau" in einem Atemzug. Damit wollte ich das Verfahren bis zum Leckerli abkürzen.

Das Kommando „Gib Laut" war eine Gemeinheit. Ein Schlittenhund bellt nicht, er jault, heult den Mond an oder mosert ein wenig, aber Bellen ist nicht sein Pläsier. Doch gierig und verfressen wie ich war, brachte ich auch dieses schwierige Kunststück fertig. Mir steckte zwar jedes Mal ein Kloß im Hals, bevor ich ein klägliches „Wau" herausquälte, doch der volle Futternapf bewirkte Wunder. So lernte ich bellen. Es machte mir später sogar Spaß und war nützlich. War ich auf dem Hof angeleint und die Leine verhedderte sich oder ich wollte ins Haus, brauchte ich nur zu bellen und Frauchen oder Herrchen lösten meine

Probleme und erfüllten meine Wünsche. Der winzige Hund vom Nachbarn, ein Chihuahua, kläffte immer wie verrückt, wenn ein Fremder an seinem Haus vorbei kam. Ich machte ihm das nach, und es war sehr lustig. Ich wedelte mit dem Schwanz, bellte und sprang vor Freunde an der Leine hin und her. Dann gingen die Leute schnell vorüber, und Herrchen erschien am Fenster und lobte mich: „Wenn du das Schwanzwedeln weglassen würdest, sähest du richtig gefährlich aus", sagte er aufmunternd. Ich war ganz stolz auf mich und seitdem belle ich, um Herrchen eine Freude zu machen. Jedoch nur bei Fremden. Offenbar weiß niemand, dass ich harmlos bin, und so wurde ich versehentlich zu einem „gefürchteten Wachhund". Wer mich kennt, hat keine Angst vor mir. Ich neige eher dazu, mich vor aufdringlichen Menschen zurückzuziehen.

Einen furchtbaren Schock bekam ich, als ich mit etwas völlig Neuem in Berührung kam. Herrchen durfte unweit unseres Hauses ein eingezäuntes Grundstück benutzen. Dorthin gingen wie öfters zum Spielen und Lernen. In der Mitte des Grundstückes befand sich eine große, spiegelglatte Fläche. Als sich eines Tages etwas auf dieser Fläche bewegte, machte ich einen Riesensatz und sprang darauf zu. Plötzlich versank der Boden unter mir, es war eiskalt, und mir wurde angst und bange. Ich strampelte wie verrückt mit den Läufen und drehte mich im Kreis. Erst als ich Herrchens Stimme hörte, paddelte ich auf ihn zu. Herrchen ging sofort mit mir nach Hause, trocknete mich ab, und ich legte mich, bis mein Fell trocken war, neben die Heizung. Lange Zeit traute ich mich nicht mehr auf diese Fläche. Erst nach vielen Wochen tapste ich vorsichtig am Rand entlang. Es fühlte sich an wie das Trinkwasser in meinem Napf und schmeckte auch so ähnlich. Es dauerte, bis ich die Angst vor dem Teich verlor. Dann wurde Schwimmen zu meinem Hobby. Wasserscheu bin ich nicht.

Nach einigen Wochen in meinem neuen Heim bekam Herrchen die Grippe. Er lag den ganzen Tag im Bett und kümmerte sich nicht um mich. Nur Frauchen ging mit mir Gassi und folgte mir auf Schritt und Tritt. Ich zog sie dorthin, wohin ich wollte. Im Stillen fragte ich mich, wozu hat Herrchen sich einen Schlittenhund angeschafft, wenn ihm seine Grippe wichtiger ist als ich? Das machte mich ganz unzufrieden, und ich legte mich mit ihm an. Ging er in das Bad, sprang ich auf sein Bett, und kam er wieder, sprang ich blitzschnell hinunter. Herrchen tat gar nichts. Beim dritten Mal blieb ich deshalb frech auf seinem Bett sitzen, mal sehen was passiert. Herrchen kam zum Bett, schnappte mich mit der rechten Hand im Genick, hob mich hoch, schimpfte fürchterlich, schüttelte mich und warf mich einfach, wie einen alten Lumpen, zur Seite. Anscheinend war er wieder ganz der Alte - mein liebes Herrchen. Ich schlich zu ihm, leckte ihm schuldbewusst die Füße und die Hände und ging nie wieder an Sachen, die Herrchen gehörten. Alles über Betthöhe war für mich tabu, und wenn etwas herunterfiel, ein Blatt Papier oder eine Zeitung, ich rührte es nicht an. Selbst als Herrchen einmal zufällig mein Lieblingsspielzeug auf einen Sessel warf, blieb ich vor dem Sessel stehen und wartete, bis Herrchen es mir gab.

Wie hart Herrchen sein konnte, erlebte ich nur noch ein einziges Mal. War Herrchen auf dem Grundstück, durfte ich unangeleint herumlaufen. Er blieb aber immer in meiner Nähe und lauerte auf irgendetwas. So ging das ein paar Tage. Als ich einmal über die Mauer springen wollte, weil eine Katze auf der Straße vorbeihuschte - ich konnte sie durch einen Spalt an der Gartentür genau beobachten - da geschah es. Herrchen packte mich, als ich schon fast über der Mauer war, im Genick, und es gab das gleiche Donnerwetter wie auf seinem Bett. Nie wieder springe ich über die Gartenmauer, es sei denn, mein Hetztrieb übersieht sie. Die Jagd ist nämlich meine große Leidenschaft. Kein Blatt im Wind, kein Vogel, kein Hubschrauber, kein Reh, kein Hase, keine Maus oder Katze entgehen mir. Einmal bin ich im Jagdeifer gegen einen Baum gerannt. Der dämliche Hase schlug einen Haken, und ich kuckte mitten im Lauf so lange hinterher, bis es bumste. Ich muss einfach jagen! Herrchen kennt meine Leidenschaft, und deshalb bin ich außerhalb unseres Grundstückes und des eingezäunten Spielplatzes immer angeleint. Vom ersten Tag an.

Selbst auf unserem Grundstück bin ich angeleint oder im Zwinger, wenn Herrchen nicht dabei ist. Ich liebe meine Hundeleine. Immer wenn Herrchen eine Leine in die Hand nimmt, gehen wir aus auf Abenteuer. Die lange Leine mit dem Griff, die sich von selbst einrollt und acht Meter lang ist, nimmt Herrchen für Spaziergänge und Wanderun-

gen. Da kann ich am Wegrand Mäuse fangen, eine Spezialität von mir. Pro Stunde fange ich rund zwei Mäuse. Die erste Maus, die ich fing, wollte ich gleich fressen, doch Herrchen riss mir das Maul auf und schüttelte sie hinaus. Er sagte „Pfui", was bedeutet, Mäuse frisst man nicht. Seitdem bringe ich ihm die gefangene Maus, Herrchen begutachtet sie, lobt mich, und wir gehen weiter. Es geht nichts über lange Wanderungen. Nur Fahrradtouren sind schöner.

Herrchen macht mich radelflott

Für Radtouren nimmt Herrchen die Zugleine. Sie ist zwei Meter lang, hat an beiden Enden Schnapphaken und dazwischen einen Gummistraps zum Abfedern. Ich bekomme ein Tourengeschirr umgelegt. Das Geschirr wird über den Kopf gezogen. Ich stecke den Kopf durch ein ovales Loch mit breiten Gurten als Umrandung. Die Gurte führen vom Genick bis zum Brustkorb zwischen die Vorderläufe. Dann muss ich den rechten Vorderlauf durch einen Gurt stecken, damit der Bauchgurt umgelegt werden kann. Auf dem Rücken, kurz hinter den Schulterblättern, befindet sich ein Messingring, in den die Zugleine eingeklinkt wird. Das Tourengeschirr ist auf der Innenseite weich ausgepolstert. Frauchen hat an einer Stelle, die am Bauch rieb, noch ein Lammfellchen eingenäht. Dieses Geschirr eignet sich nicht nur zum Ziehen, sondern auch zum Führen von Hand. Dadurch kann ich wahlweise neben dem Fahrrad geführt werden oder an einer speziellen Zugvorrichtung das Fahrrad ziehen.

Die Zugvorrichtung wird am Fahrradrahmen befestigt. Von ihr führt eine Federstange, mit einer Öse am vorderen Ende, bis über das Vorderrad. Durch diese Öse läuft eine kurze Zugleine, die mit dem einen Ende am Fahrradrahmen befestigt ist und am anderen Ende einen Stahlring hat. In diesen Stahlring wird die Zugleine vom Tourengeschirr eingeklinkt. Durch die Zugvorrichtung kann sich die zwei Meter lange Zugleine vom Tourengeschirr nicht im Vorderrad des Fahrrades verfangen. Der Vorteil dieser Zugverrichtung ist, dass Herrchen beide Hände frei hat zum Lenken und Bremsen. Weil die Federstange auch seitlich einfedert, kann Herrchen die Zugleine während der Fahrt grei-

fen und mich mit der rechten Hand neben dem Fahrrad führen. Das ist alles sehr praktisch und lässt sich im Hundefachhandel komplett kaufen. Doch die Abstimmung zwischen mir, Herrchen und dem Fahrrad dauerte Monate. Darauf will ich näher eingehen.

Das Fahrrad und seine Tücken

Um mich an das Fahrrad und den Fahrradanhänger zu gewöhnen, schob Herrchen das Rad und ich lief an der kurzen Leine rechts neben ihm. Lief ich vor das Vorderrad, fuhr es mich an. Blieb ich zurück, gab es einen Ruck und Herrchen sagte „Komm". Bereits am zweiten Tag radelten wir ein kurzes Stück, rund 50 Meter. Herrchen führte mich mit der rechten Hand, rechts neben dem Rad, an der kurzen Leine. Die Leine war zwischen seiner Hand und meinem Halsband rund einen Meter lang. Von Tag zu Tag wurden die Fahrradtouren länger. Später lernte ich das Kommando „Links". Jedes Mal wenn Herrchen links abbog, sagte er kurz vorher „Links" und zog mich an der Leine nach links. Dann bogen wir links ab. Erst als dieses Kommando hundertprozentig saß, ich machte es zehnmal hintereinander richtig, lernte ich auf die gleiche Weise das Kommando „Rechts". Immer nur rechts. Erst als auch dieses Kommando saß, musste ich mich an beide gewöhnen, mal links, mal rechts, je nachdem wohin Herrchen wollte. Dann lernte ich das Kommando „Gerade". Wenn wir an eine Kreuzung oder Abzweigung kamen, sagte Herrchen kurz vorher „Gerade" und fuhr geradeaus weiter. Das lernte ich schnell, ich kannte ja die Lernmethode bereits.

Dann wurde es problematisch. Als Herrchen einmal vom Rad abstieg, sah ich ein Reh, zog an und plauz fiel Herrchen um. Herrchen sagte zu mir „Scheißköter", das Fahrrad sagte nichts, obwohl es auch umgefallen war. Von diesem Tag an musste ich, bevor Herrchen das Fahrrad bestieg, „Sitz" machen. Erst dann stieg er auf und sagte „Lauf". Jetzt erst durfte ich aufstehen und loslaufen. Beim Anhalten war es so: Herrchen sagte „Stopp" zu mir und hielt an. Dann stand er mit angezogenen Fahrradbremsen auf beiden Beinen, dazwischen das Rad. Anschließend sagte er „Sitz", und erst wenn ich saß, stieg er ab. Auf diese

Weise lernte ich die Kommandos Links, Rechts, Gerade, Stopp, Lauf und Sitz. Sitz kannte ich ja schon. Nachdem ich alle Befehle befolgte - außer wenn ich abgelenkt war - lernte ich das Ziehen im Geschirr.

Herrchen stellte das Fahrrad auf den Ständer und mich angeschirrt davor. Dann sagte er „Sitz" und klinkte das freie Ende der Zugleine in den Stahlring der Zugvorrichtung am Fahrrad ein. Nun nahm mich Frauchen an die Leine, so wie beim Gassigehen am Halsband. Danach stieg Herrchen auf das Rad und sagte zu mir „Lauf". Frauchen und ich liefen gerade aus und zogen Herrchen auf dem Fahrrad hinterher. Das übten wir einige Male, aber nur kurze Strecken von 30 Metern. Dann folgte eine Überraschung. Frauchen fuhr auf ihrem Fahrrad voraus. Herrchen sagte „Lauf", und ich raste Frauchen hinterher. Frauchen war das Wild, und ich wollte sie vor lauter Ehrgeiz unbedingt überholen. Dass sie vor mir fuhr, war einfach unerträglich. Frauchen hielt öfters an. Ich war ja noch so jung, knapp fünf Monate alt, und Herrchen wollte nicht, dass ich mich überanstrenge. Ich zog nur ein paar hundert Meter, und Herrchen radelte mit, damit ich es leichter hatte. Er achtete nur darauf, dass die Zugleine straff war und ich flott laufen konnte.

Dann übten wir das alles ohne Frauchen. Jeden Morgen bei Sonnenaufgang machte ich mit Herrchen eine Fahrradtour. Erst zwei bis drei, dann vier bis fünf und viel später zehn bis dreißig Kilometer. Die Fahrradtour dauerte mindestens zwei Stunden. Wir machten am Anfang viele Pausen. In den Pausen bekam ich Wasser zu trinken, wir spazierten umher und ruhten uns aus. Herrchen wollte mir die Lust am Ziehen nicht nehmen und richtete sich, soweit er das beurteilen konnte, nach meinem Wohlempfinden. Er traf zwar nicht immer die beste Entscheidung, aber meine Begeisterung für Fahrradtouren wuchs ständig.

Ab und an gab es Ärger. Einmal fuhren wir sehr schnell einen asphaltierten Feldweg entlang. Da sah ich links auf dem Feld ein flüchtendes Reh und zog gewaltig an, direkt dem Reh hinterher. Es schepperte und schleifte, und Herrchen schlitterte samt Rad durch eine überfrorene Schlammpfütze. Durch das Eis und den schmierigen Schlamm war das Vorderrad weggerutscht. Mein Herrchen sah aus, als hätte er ein

Schlammbad genommen. Ich bekam einen gewaltigen Schrecken und machte vorsichtshalber den Kotau. Ich legte mich auf den Rücken und beteuerte damit meine Unschuld und Ergebenheit. Herrchen sagte nicht viel, und es klang auch nicht böse. Er stand auf, humpelte ein wenig, hielt sich den rechten Arm und stellte fest, dass er noch lebte. Dann richtete er das Fahrrad, der Lenker war verbogen, und wir fuhren auf dem kürzesten Weg nach Hause. Es war ziemlich kalt, und Herrchen hatte sich wehgetan. Er war auf den Hüftknochen gefallen, hatte an der Hand und dem Arm Abschürfungen, und sein Kopf schmerzte.

Später stürzten wir noch öfters, aber immer ganz langsam, in Zeitlupe. Herrchen war vorsichtig geworden. Gefährlich war alles, was rutschig war. Dann reichte die Reifenhaftung auf der Straße nicht mehr aus, um bei einem seitlichen Ruck das Fahrrad in der Spur zu halten. Das betraf Eis, Schnee, feinen Sand auf glatter Fahrbahn, schmierigen Schlamm oder Matsch und nasse Blätter. Trockene, saubere Straßen und unbefestigte Feld- und Sandwege waren kein Problem. Die Fliehkraft des Fahrrades und die Reifenhaftung waren dann so groß, dass ich das Fahrrad nicht umwerfen konnte. Im Grenzfall zog mich Herrchen, wenn ich ausbrach, ein paar Meter hinterher bis er stand. Das war sehr unangenehm. Fast jeden Morgen machen wir unsere Radtour. Herrchen kennt sieben verschiedene Touren, die er auch miteinander verbinden kann. Dadurch ist es nie langweilig, und wir können uns auf das Wetter einstellen. Einige Touren sind flach und ohne Schikanen, sozusagen Schlechtwettertouren. Nur, wenn es stark regnet, stürmt, schneit und die Straßen überfroren sind, gehen wir Gassi. Herrchens Motto lautet: „Lieber schlecht gefahren als gut gelaufen". Nach einem Jahr, ich war erst 15 Monate alt, hatten wir uns eingespielt. Je nach Tagesform und Schwierigkeitsgrad der Strecke fuhren wir jeden Morgen 20 bis 30 Kilometer in gut zwei Stunden. Pausen eingeschlossen. Bei kaltem Wetter, klarer Luft und Windstille lief ich mit zwei Jahren bereits locker zwei Stunden ohne Pause. Ob Sommer oder Winter, wir stehen immer bei Sonnenaufgang auf. Im Winter fahren wir auch tagsüber und im Sommer, wenn es sehr heiß ist, manchmal nur zehn Kilometer.

So nebenbei lernte ich spielerisch noch einige Kommandos, und Herrchen spricht mit mir in ganzen Sätzen. „An den Rand" heißt beispiels-

weise, dass ich rechts neben dem Fahrrad laufen muss. *"Kuckkuckkuckeinreh"*, dazu die Klingel und *"Heyheyhey"* ist der Auftakt zur Jagd. Herrchen ist nämlich ein Schlitzohr. Meinen Hetztrieb kann er mir nicht austreiben. Er müsste mich brechen und einen gebrochenen, traurigen, ängstlichen Schlittenhund, den will er nicht haben, das würde ihm das Herz brechen. Deshalb hilft er mir beim Hetzen. Ich habe zwischenzeitlich gelernt, dass ich alles, was meinen Hetztrieb auslöst, jagen darf, nur, ich muss auf dem Weg bleiben. Da gibt es keinen Pardon. Ich bin ja angeleint und kann nicht weg vom Fahrrad.

Wenn ich aber einmal galoppiere und vor Jagdfieber glühe, ist mir das Wild selbst fast egal. Nun feuert Herrchen mich noch zusätzlich an und jagt mit. Wenn er vor mir ein Wild sieht oder wittert, ruft er *"Kuckkuckkuckkeinreh-Heyheyhey"*. Dann galoppiere ich los, bergauf und gegen den Wind und wenn ich langsamer werde, sind wir bereits auf dem Berg, oder Herrchen fährt inzwischen mit Rückenwind. Er sagt dann zu mir: *"Warum bist du denn so gerannt? Ich sagte doch ausdrücklich 'Kuckkuckkuckkeinreh'. Du musst schon besser zuhören!"* So ein Missverständnis kommt öfters vor. Meistens sehe oder wittere ich das Wild, noch bevor Herrchen mich anfeuert. Dann hat er nicht aufgepasst.

Es ist auch nicht so, dass ich Herrchen immer ziehen muss. Wir arbeiten im Team. Wenn es mir zu anstrengend wird, tritt Herrchen mit, wenn ich erschöpft bin, machen wir eine Pause, und wenn ich im gestreckten Galopp von der Anhöhe ins Tal galoppiere, achtet Herrchen nur darauf, dass die Zugleine nicht durchhängt. Es ist dann so, als wenn ich völlig frei liefe. Mittlerweile haben wir beide insgesamt Fahrradtouren von weit über 10 000 Kilometern gemacht.

Eine herrliche Fahrradtour

So ein Tag, so wunderschön wie heute, so ein Tag, der dürfte nie vergehn: Herrchen steht kurz vor fünf Uhr auf. Es ist fast hell, die Temperatur mit sechs bis sieben Grad sehr angenehm. Der Morgentau kühlt die Erde und glänzt auf den Gräsern. Leichte Nebelschwaden liegen auf den Wiesen und Feldern. Als Herrchen angezogen ist, kniet er am

Treppenaufgang und ich liege oben auf dem Podest, völlig gleichgültig und kucke hinunter auf Herrchen. Dann bettelt und bettelt Herrchen mich zum Morgengassi: „Kommst du mit, sei doch so lieb..." Ich liebe diesen Augenblick, das tut sooo gut, wenn Herrchen mich bittet. Ich sehe herablassend auf ihn hinunter, nur ein leichtes Schwanzwedeln und einen genüsslichen Schnaufer kann ich vor Freude nicht unterdrücken. Dann steht Herrchen auf und sagt zu mir: „Du darfst aber auch hier bleiben", geht zur Tür und macht sie auf. Nun bin ich wie der Blitz unten. Undenkbar, dass Herrchen ohne mich fährt. Ich setzte mich brav neben die Tür. Herrchen legt mir das Geschirr um, nimmt mich leicht und zärtlich in seine Arme und flüstert mir ins Ohr: „Wir machen jetzt eine sehr schöne Fahrradtour, und ich werde gut auf dich aufpassen. Ich wünsche mir, dass wir viel Freude haben und gesund wieder zurückkommen. Herrchen hat dich gaaanz lieb." Dann gibt er mir einen dicken Kuss, direkt zwischen beide Ohren. Ich stehe auf, laufe einmal um ihn herum, und er klinkt mich in die Zugleine ein. Draußen werde ich kurz angebunden. Herrchen holt das Fahrrad aus dem Schuppen, stellt es auf die Straße und holt mich. Ich mache „Sitz", Herrchen klinkt meine Zugleine in die Zugvorrichtung am Fahrrad ein, sagt „Lauf" und los geht's. Die ersten zehn Minuten stimme ich mich ein. Etwas Galopp, ein Häufchen und ein paar Mal Pipi, so nebenbei während der Fahrt. Beim Lösen hält Herrchen an, das haben wir vereinbart. Nach dieser Morgentoilette laufe ich mich erst einmal warm. Rund vier Kilometer in zehn Minuten. Dann geht es bergauf und wieder bergab. Beim ersten Reh jage ich im gestreckten Galopp hinterher. Herrchen achtet nur auf den Weg, auf mich und das Fahrrad. Bei dem Tempo hat er keinen Blick für das Panorama. Nur die Fahrradklingel und das „Heyhey" dringen zu mir. Die erste Jagd dauert nicht lange, nur einen Kilometer. Etwas später erreichen wir eine Bank, ich kenne sie schon. Wir machen zehn Minuten Rast, und Herrchen gibt mir Wasser.

Dann fahren wir weiter. Erst geht es sanft bergab, dann wird es steiler, und nun fahren wir in einer weiten Kurve bergab und wieder bergauf. Wir biegen in einen Höhenweg ein, und da sitzt frech ein Hase mitten auf dem Weg. Hasen tun das am Morgen, sie sonnen sich. Der Hase ist sehr schnell und rennt lange vor uns auf dem Weg entlang, bevor er einen Haken schlägt und im Feld verschwindet. Wir kommen flott voran, immer im gestreckten Galopp. Anschließend bummeln wir ein wenig, und ich löse mich zum zweiten Mal. Ich könnte das auch während des Laufes, wie die Schlittenhunde im Gespann, doch Herrchen hält an, und so ist es auch bequemer. Jetzt nähern wir uns der größten Erhebung in der Gegend. Dort steht ein hoher Turm - ein Horchposten, noch aus dem „Kalten Krieg"; kalt hört sich immer gut an. Kurz davor geht ein Weg rechts ab, und es kommt eine lange Gefällestrecke. Als wir rechts abbiegen, galoppiere ich los. Es ist meine Lieblingsabfahrt. Ich gebe alles, und wir brausen den Berg hinunter. Vom Fahrrad und Herrchen sehe ich nichts. Erst als Herrchen bremst und es an der Zugleine zieht, stelle ich fest, dass er noch da ist. Nun biegen wir ab und fahren auf einem ebenen Weg weiter. Ich bin noch so in Schwung, dass ich Herrchen kraftvoll ziehe. Jetzt kommt eine Autostraße. Ich laufe an der kurzen Leine neben dem Fahrrad und ziehe leicht. Herrchen strampelt mit, es ist für uns beide keine Anstrengung. Von der Straße biegen wir links ab und erreichen eine schöne Bank im Morgensonnenschein. Es ist weit über eine Stunde vergangen, und da wir sehr schnell waren und ich hechele, stoppt Herrchen an der Bank. Ich trinke einen halben Liter Wasser und wälze mich im feuchten Gras. Herrchen sieht, dass ich putzmunter und glücklich bin und beschließt einen zusätzlichen Schlenker.

Die Sonne steht schon hoch, aber noch ist es angenehm frisch. Wir fahren im leichten Trab weiter und teilen uns die Anstrengung. Das ist erholsam, ruhig und entspannend. Dann das nächste Reh, es flüchtet parallel zu uns übers Feld. Ein Blitzstart und hinterher. Kaum ist es verschwunden, tauchen gleich zwei Rehe auf und danach ein Rudel. Ich galoppiere rund sechs Kilometer und ziehe Herrchen mit dem Fahrrad hinterher. Er tritt nicht mit, selbst der größte Gang läuft wie im Leerlauf, so schnell bin ich. Dann mache ich schlapp. Ich lege mich einfach am Wegrand ins Gras und schaue Herrchen bittend an. Nach einigen Sekunden sagt Herrchen: „Ein paar Meter musst du noch, dort weiß ich ein schönes Plätzchen." Herrchen fährt ganz langsam, und ich laufe willig mit. Mein Herz klopft zum Zerspringen, die Lunge rasselt, die Schaumflocken fliegen vom Maul, und ich denke nur noch Pause, Pau-

se, Pause. Sechs Kilometer gestreckter Galopp, mit Herrchen im Schlepp, sind meine Leistungsgrenze, dann geht vorerst nichts mehr.

Herrchen stellt das Fahrrad ab, nimmt vom Gepäckständer seinen Klapphocker herunter und die Wasserflasche aus der Fahrradtasche. Dann setzt er sich auf seinen Hocker und gießt Wasser in meinen Trinknapf. Nach zehn Minuten bin ich wieder fit, nach 15 Minuten will ich einer Ente hinterher. Herrchen kennt das. Ich jammere, jaule, springe hoch und zerre an der Leine, die er an seinem Gürtel befestigt hat. Ich will ihm ja nur sagen, dass er etwas versäumt. Herrchen steht auf, in voller Größe, hebt drohend den Zeigefinger und sagt: „Jetzt reicht's!" Ich gebe sofort nach, denn Herrchen darf man auf seinem Hocker nicht stören, da wird er ungemütlich. Einmal hab ich ihn vom Hocker gerissen und prompt eine Ohrfeige bekommen. Doch da er nun schon steht, geht es weiter.

Wir bummeln gemächlich nach Hause. Sozusagen Teamarbeit. Wieder zu Hause nimmt mir Herrchen das Geschirr ab, schmust mit mir und sagt: „Ich bin gaaanz stolz auf dich." Da werde ich verlegen und lecke ihm liebevoll das Gesicht. Dann kommt der Satz: „Manchmal hat man ja Glück." Ich flitze in den Zwinger und finde auf der Hundehütte einen Fleischknochen. Während ich auf das Dach der Hundehütte springe, schließt Herrchen die Zwingertür. Jeden Morgen falle ich auf diesen albernen Trick herein. Nirgends bin ich so ungern wie im Zwinger. Ich fühle mich ausgegrenzt, verstoßen und verlassen. Nicht einmal der Knochen tröstet mich über diese Schmach hinweg. Herrchen will mich mit dem Knochen an den Zwinger gewöhnen. Das wird ihm nie gelingen! Lange dauert es ja nicht, dann darf ich wieder hinaus. Nur ein halbes Stündchen, bis Herrchen aufgeräumt und alles gerichtet hat. Anschließend bekomme ich als Belohnung ein Fleischstückchen. Wieder im Haus lege ich mich kurz auf die Dielen im Vorraum und dann krauche ich, langsam wie ein altersschwacher Opa, die Treppe hoch in Herrchens Zimmer und schlafe eine Runde unter seinem Bett. Herrchen kommt nach seinem Frühstück nach, und wir ruhen gemeinsam. Gegen elf Uhr bekomme ich mein Fressen, und gegen ein Uhr gehen Frauchen und ich Gassi. Herrchen sitzt dann schon lange am Schreibtisch und ist ohnehin zu nichts zu gebrauchen.

Der weitere Tagesverlauf ist unterschiedlich. Irgendwann bekomme ich eine Vollmassage. Von der Nasen- bis zur Schwanzspitze und von den Pfoten bis zu den Ohren. Findet Herrchen eine Zecke, entfernt er sie, und habe ich eine andere kleine Verletzung, was selten vorkommt, behandelt er auch diese. Wenn ich ängstlich bin, weil es ziept, schiebt Herrchen mir seine flache Hand zwischen die Zähne. Das beruhigt mich ungemein. Niemals würde ich Herrchen beißen. Er legt mir immer die Hand zwischen die Zähne, wenn ich mich ängstige, auch beim Tierarzt. Nach der Massage bürstet mich Herrchen aus. Erst mit einer Haarbürste und dann poliert er mich mit einer Kleiderbürste. Ich genieße das wie eine Liebkosung und lecke ihm dafür die Füße.

Manchmal fahren wir am Nachmittag in die Stadt, besuchen die Oma im Altersheim, gehen einkaufen, zum Friseur oder Herrchen geht mit mir Gassi in den Dorfkrug und später noch einmal vom Dorfkrug nach Hause. Beim Gassi zum Dorfkrug machen wir fast immer einen großen Umweg. Abends liege ich verschlafen und angeleint auf dem Grundstück und bekomme eine zweite Mahlzeit. Frauchen begleitet mich zwischen 22 und 23 Uhr auf einem Kurzgassi. Danach bekomme ich ein Betthupferl und lege mich todmüde unter Herrchens Bett.

Der Tag kann auch anders verlaufen, mit schrecklicher Blasmusik oder Rumtoben mir meiner geliebten Elsa. Elsa ist eine pechschwarze Mischlingshündin, bei der ein Riesenschnauzer dominiert. Sie hat ganz schön Power und ist wunderschön. Zwei Mal in der Woche ist Lernnachmittag, dann frischen wir das Gelernte auf. Im Dorfkrug oder wenn Frauchen und Herrchen essen gehen, habe ich ruhige Stunden. Dabei sein ist alles. Ich liege unter der Bank oder dem Tisch und schlafe. Oben säuselt die Unterhaltung, und ich weiß, mein Rudel wacht über mich. Steht Herrchen auf und sagt zu mir „bleib, ich komme gleich wieder", bleibe ich liegen. Kommt Herrchen wieder, streichelt er mich und lobt mich, weil ich so brav gewartet habe.

Das sind die Tage. Fast jeder gleich und doch wieder anders. Manchmal geschehen schrecklich schöne Dinge. Erst schön, dann schrecklich. Wir fahren Rad. Rechts von uns zwei Rehe, wir sind bereits vorbei, ich lasse mich zurückfallen und beobachte sie. Herrchen zieht mich hinter-

her. Als ich voraus sehe, flüchtet links vom Rad ein Reh übers Feld. Ich spurte los, ein gewaltiger Ruck, und ich bin frei. Die Zugleine ist gerissen, und ich hetze mit dem Geschirr und dem Rest der Zugleine dem Reh hinterher. Dann ist Herrchen verschwunden.

Erst nach Stunden finde ich ihn wieder. Er kommt auf dem Fahrrad angefahren und pfeift immer wieder mit seiner Trillerpfeife. Ich sitze verängstigt auf einem Feld und jaule jämmerlich. Als ich Herrchen erkenne, rase ich auf ihn zu, und wir freuen uns, dass wir uns wieder gefunden haben. Wir schmusen, tollen und ich springe an ihm hoch und lecke ihm das Gesicht und die Hände. Dann machen wir eine Pause. Ich bin völlig zerschlagen und restlos fertig auf den Pfoten. Vier Stunden Jagd und Angst, immer abwechselnd. Die paar Kilometer nach Hause schaffe ich kaum. Alle hundert Meter muss Herrchen mir eine kleine Pause gönnen. Ich habe einen so gewaltigen Muskelkater, dass ich noch zwei Tage unrund laufe. Bei so einem Erlebnis liegen Freud und Leid so dicht beieinander, dass das mit Jaulen nicht zu beschreiben ist.

Ein anderes Mal will Herrchen morgens nicht aufstehen. Ich stupse ihn, laufe zur Tür, stupse ihn wieder, laufe zur Tür, ziehe ihn sacht an seiner Hand. Jedoch er begreift nichts. Alles vergebens, bis ich vom Erdgeschoß seine Pelzmütze hole, sie vor sein Bett werfe, herausfordernd „Wuff" mache und mit dem Schwanz wedle. Da lacht Herrchen, sagt zu mir „kluger Hund" und steht auf. Erstaunt war Herrchen, als ich ihm beim Pflaumenpflücken half. Er stand auf einer Leiter und pflückte Pflaumen, die er in einen Eimer warf. Ich sah zu, dann sprang ich unter dem Pflaumenbaum hoch und pflückte ebenfalls Pflaumen. Erst dachte Herrchen, ich spiele nur. Als er aber Äpfel pflückte und ich bei dem anderen Apfelbaum, er steht in meinem Zwinger, auf die Hundehütte springe und ebenfalls Äpfel pflücke, da blieb ihm vor lauter Staunen der Mund offen stehen. Damit habe ich ihn echt überrascht.

Meine Hundeschule

Im Alter von acht Monaten besuchte ich eine Hundeschule. Unterricht war jede Woche zwei Mal, insgesamt zehn Doppelstunden. Jeden Dienstag und Samstag war Schultag. Von den zwei Stunden musste ich ungefähr 45 Minuten lernen, die andere Zeit lernten Herrchen und Frauchen. Wir waren acht Hunde, alte und junge, von unterschiedlicher Rasse und Größe. Ein Schlittenhund, das war ich, ein junger Schäferhund, eine junge Rottweilerhündin, ein Bullterrier, ein alter Collie und drei Mischlingshunde. Einer der Mischlingshunde war ganz klein, kleiner als ein Kaninchen. Alle lernten wir in der gleichen Zeit das gleiche Pensum. Keiner blieb sitzen! Es stimmt also nicht, dass eine Hunderasse dümmer ist als eine andere. Wichtig ist die richtige Erziehung. Sicherlich kann ein Dackel keinen Schlitten ziehen und ein Rottweiler nicht in einen Dachsbau kriechen. Dafür sind wir als Rassen spezialisierter als die Menschen. Doch das Gängige, was jeder Hund wissen sollte, kann man uns leicht beibringen.

Die erste Stunde diente dem Kennenlernen. Wir bildeten einen großen Kreis mit Abständen von rund vier Metern zwischen jedem Hundehalter mit seinem Hund. Jeder Hundehalter hatte nur auf seinen Hund zu achten, alles andere ging ihn nichts an. Wir saßen also alle neben unserem Herrchen oder Frauchen. Sitzen konnten alle schon. Dann ging nacheinander jeder mit seinem Hund einmal außen um die Runde und reihte sich wieder ein. Auf diese Weise kamen wir uns näher. Später, nach einigen Stunden, liefen wir im Innenkreis oder Außenkreis, in Schlangenlinien oder völlig durcheinander, in geringem Abstand, aneinander vorbei oder jeder saß bei seinem Besitzer und wir beschnupperten uns auf kurze Entfernung. Das lief so nebenbei und förderte das Sozialverhalten. Wenn beispielsweise zwei Hundehalter sich begegnen und jeder seinen Hund links von sich an der kurzen Leine hält, gibt es keinen Ärger. Bevor sie sich die Hand geben, setzen sie vorher das rechte Bein einen Schritt vor. Dann befinden sich beide Hunde links, und dazwischen sind die Beine ihrer Besitzer. Da traut sich keiner zu streiten, weil das eigene Herrchen oder Frauchen das sofort verbietet und kein Hund unter diesen Umständen den anderen angreift. Jeder Hundebesit-

zer hat seinen Hund im Griff, und jeder Hund weiß, was Herrchen oder Frauchen verlangen, ist ehernes Gesetz.

Viele Kommandos, die wir lernten, kannte ich bereits. Sie wurden nun gefestigt. Einige waren sehr leicht zu lernen, andere waren schwierig. Sitz, Platz und solche Lappalien machte ich spielend. Was neu war und auch Herrchen nicht wusste, war, dass wenn er zu mir „Sitz" sagt, ich so lange sitzen bleiben muss, bis er den Befehl aufhebt. Das ist immens wichtig! Denn wenn ein Hund merkt, dass er einen Befehl von selbst aufheben kann, ist die ganze Lernerei umsonst. Er macht, was er will. Deshalb darf ein Hundehalter nur Befehle geben, die er auch bis zur letzten Konsequenz durchsetzen kann. Sollte ein Hundebesitzer keinen Zugriff auf seinen Hund haben, weil der nicht an der Leine ist, dann sollte er in der Erziehungsphase lieber keinen Befehl geben. Der Hundehalter muss auch alle Befehle vermeiden, die zweideutig oder nicht kontrollierbar sind. Wenn mein Herrchen mich vor einem Geschäft anbindet, sagt er „Bleib" zu mir, denn bleiben muss ich, weil ich angebunden bin. Es sagt aber nicht „Sitz" oder „Platz", weil er das nicht überprüfen kann, während er im Geschäft ist. Das sind so Feinheiten, die Herrchen und Frauchen lernen mussten und die mir später zugutekamen.

Deshalb lernten die Hundehalter auch länger als wir. Sie brauchten jedes Mal über eine Stunde, um zu begreifen, wie man mit einem Hund umgeht. Jeder stellte Fragen über Fragen, und der Hundelehrer beantwortete sie, oder sie klärten sie gemeinsam. Richtige Ernährung, Gesundheit, Eigenheiten der verschiedenen Rassen, persönliche Erfahrungen, Tricks und Gemeinheiten wurden diskutiert. Mir fiel das „Bei Fuß" sehr schwer. Die Hauptaufgabe eines Schlittenhundes ist das Ziehen und deshalb hat er Probleme bei Fuß zu gehen. Also bekam ich ein Stachelhalsband um. Weil ich aber klein und sensibel war, wurde es nicht als Würgehalsband umgelegt, sondern sozusagen an den Hals angepasst. Es würgte nicht, sondern stachelte nur. Hätte es gewürgt und gestachelt, wäre ich sicherlich in Panik geraten. Da das stachelige Ding unangenehm war, wenn ich zog, lief ich lieber bei Fuß. Doch ich will mich nicht in Einzelheiten verlieren.

Ganz sauer stieß mir das Ablegen auf. Herrchen sagte „Platz und Bleib". Dann ließ er die Leine fallen und ging weg. Ich sofort hinterher. Herrchen kam zurück, ganz ruhig, bestimmt und geduldig, aber ohne mich zu loben. Er nahm die Leine auf, führte mich auf meinen alten Platz zurück und sagte „Platz und Bleib". Das wiederholte er so lange, bis ich begriffen hatte, was er von mir verlangte. Als ich endlich einmal liegen blieb, weil mir das zu dumm war, drehte er sich nach zehn Metern um und rief mich zu sich. Ich rannte zu ihm, er koste und lobte mich und gab mir ein Leckerli. Auf diese Weise lernte ich das schwere Kommando „Platz und Bleib". Wenn Herrchen später in einer Gaststätte sagte „Bleib", konnte er ruhig weggehen. Ich wusste, er kommt ganz gewiss zurück. Jedes Mal, wenn er zurückkommt, lobt er mich, und ich freue mich über mich. Diese Übung, das war der Höhepunkt meiner Ausbildung, machten wir alle in der Stadt, auf dem Parkplatz eines großen Supermarktes. Die Autos fuhren umher, die Einkaufswagen rasselten vorbei, und wir lagen alle acht in einer Reihe nebeneinander mit zwei Meter Abstand voneinander. Dann wurden wir aus 15 Meter Entfernung einzeln abgerufen. Das übten wir mehrmals hintereinander. Herrchen hatte die Hosen voll, die anderen Hundehalter wohl auch. Er hatte Angst, dass eine Katze auftaucht, und dann wäre mein Gehorsam für die Katz gewesen und ich vielleicht von einem Auto überrollt. Da haben wir beide Glück gehabt.

Nach der Hundeschule verstand ich mich mit Herrchen und Frauchen viel besser als davor. Sie hatten mehr Verständnis für mich, und ich wusste immer ganz genau, woran ich war. Seitdem erzieht mich Herrchen nur noch mit dem Tonfall seiner Stimme, mit Gesten und durch Beobachtung. Wenn ich ein freundliches „Sitz" nicht befolge, weil mir nicht danach zumute ist, folgt kurz darauf der strenge Befehl „Sitz!". Versuche ich Herrchen zu täuschen, indem ich das „Sitz" nur andeute, das Hinterteil leicht absenke und dann wieder langsam hebe, kommt ein tiefes, drohendes „Sitz!" Dann ist der Spaß endgültig vorbei. Danach gäbe es eine blitzschnelle Ohrfeige, und Herrchen würde mich unsanft hinsetzen, was sehr erniedrigend wäre. Deshalb vermeide ich diese unwürdige Behandlung. Die größte Lüge und Gemeinheit meines Hundelehrers war, dass er zum Abschluss des Kurses sagte, ich sei der dominanteste Hund von allen. Der war nur sauer, weil ich als Einziger überall hinpinkelte. Schlittenhunde markieren nun einmal konsequent ihr Revier. Das hätte er als Hundelehrer eigentlich wissen müssen oder?

Apropos Dominanz

Dazu nur vier Fallbeispiele aus meinem bisherigen Leben, wer weiß, was da noch auf mich zukommt:

Erstes: Herrchen geht mit mir Gassi. Ich schlage sofort den Weg zu dem hochinteressanten Hühnerhof ein. Herrchen streckt nur den Arm aus, zeigt in eine andere Richtung und sagt „da lang!" Ich stemme die Vorderpfoten in den Sand und mein Hals wird immer länger. Herrchen geht rücksichtslos weiter, der dreht sich nicht einmal um. Ich laufe zwangsweise hinterher. Auf halben Weg, wenn die Leine locker ist, drehe ich mich blitzschnell um und renne Richtung Hühnerhof - vielleicht ist er ja einsichtig. Ein Ruck und alles geht erbarmungslos nach Herrchens Willen.

Zweitens: Herrchen sagt „Fuß!" Ich laufe brav an der kurzen Leine nebenher. Sonst soll ich immer ziehen! Kaum ziehe ich ein wenig, gibt es einen Ruck und „Fuß!" Ich gebe gehorsam nach. Etwas später, ich ziehe nur ganz leicht und schon wieder ein Ruck und „Fuß!!" Herrchen zeigt mir die Handfläche seiner rechten Hand, der blitzschnellen Ohrfeigenhand. Sie sieht bedrohlich aus und er sagt „Pass auf!" Das ist eine Androhung von roher Gewalt gegen einen jungen, angeleinten, wehrlosen, willigen Hund, der sein Herrchen niemals bedrohen würde. Warum läuft er nicht „Bei Fuß"?

Drittens: Jedes Mal, wenn Herrchen mit mir vom Saufen kommt, pinkelt er an der großen Eiche auf dem halben Weg nach Hause. Dann muss ich „Sitz" machen und darf mich nicht rühren, damit er sich nicht selbst anpinkelt, falls ich an der Leine ziehen sollte. Ich weiß das und sitze bereits, bevor er überhaupt „Sitz" gesagt hat. Noch nie hat Herrchen sich hingesetzt, wenn ich gepinkelt habe.

Viertens: Wir gehen auf der Straße, ich links und er rechts an einer Laterne vorbei. Herrchen läuft einfach weiter. Ich muss, weil angeleint, zurück und um die Laterne herum. Noch nie ist Herrchen zurückgegangen. Deshalb bleibe ich neuerdings klugerweise gleich auf seiner Seite.

Ich schwöre bei meiner Hundeehre, dass das alles die reine Wahrheit ist und nichts als die Wahrheit. Nun kann sich jeder selbst ein Bild davon machen, wer hier dominant ist. Doch Herrchens Dominanz hat auch ihr Gutes. Herrchen sagte einmal zu mir: „Solange du klein bist, beschütze ich dich, aber wenn du groß und stark bist, musst du dich selber durchbeißen, das musste ich auch." Herrchen hielt Wort. Drei Mal wurde ich von anderen Hunden angegriffen und Herrchen verjagte sie. Einmal wurde ich aggressiv und Herrchen sagte nur „Platz!", da lag der andere Hund noch vor mir auf dem Bauch. Ich kannte ja Herrchens Organ bereits: Tief, zornig, bedingungslos und drohend. Als uns ein paar Dorfköter hinterherliefen und immer näher kamen, quietschten mit einem Mal Herrchens Fahrradbremsen. Herrchen brüllte die Hunde an, sprang vom Rad und rannte drohend auf sie zu. Sie drehten sofort ab und verzogen sich mit eingekniffenem Schwanz. Erst als sie ein Stück weg waren, drehten sie sich wieder frech zu uns um und knurrten. Herrchen zeigte ihnen seine Faust, und wir fuhren weiter. Da habe ich seinen Mut bewundert und deshalb liebe und respektiere ich ihn. Er ist ein zuverlässiger Freund, der mich nicht im Stich lässt.

Wenn wir schmusen, kann Herrchen so zärtlich und sanft sein, da glaubt man kaum, dass er jemals so streng sein kann. Seit der Hundeschule verstehen wir uns noch besser. Öfters lächelt Herrchen nach einer Zurechtweisung verschmitzt. Dann weiß ich, dass er nicht mehr böse ist oder mir irgendetwas nachträgt. Er ist eben der Leithund, manchmal fühlt er sich als kleiner Gott und deshalb lässt er sich von niemandem in den Futternapf spucken. So muss es auch sein! Zwei Mal die Woche ist Spielnachmittag mit Elsa, meiner Geliebten. Ich habe sie schon erwähnt. Auch mit anderen Hunden habe ich mich angefreundet. Von Nachbars Chihuahua, er ist ja nur eine Hundepfote voll, lasse ich mich jagen. Erst provoziere ich ihn, indem ich vor ihm hin und her springe oder mit der Vorderpfote demonstrativ auf den Rasen klopfe.

Dann rennt er kläffend hinter mir her, und ich reiße aus. Weil er so klein ist, kann er sich den Weg abkürzen, also unter Stühlen und Tischen durchrennen, so dass ich immer auf der Hut sein muss. Das ist ein Mordsspaß. Schwanzwedelnd jagen und necken wir uns gegenseitig. Willi, so heißt er, ist dann oft völlig erschöpft und verdrückt sich in sein Haus. Zwei andere kleine Hunde im Dorf rennen immer wütend und kläffend auf mich zu. Ich lege mich schwanzwedelnd hin und lasse sie kläffen. Mehr trauen sie sich nämlich nicht. Wenn es mir zu bunt wird, stehe ich auf und pinkele sie an. Dann geraten sie ganz aus dem Häuschen.

Wirklich aggressiv sind nur die Hunde, die ihr Grundstück bewachen. Sie führen sich hinter ihrem Zaun wie gefährliche Raubtiere auf. Dann gibt es noch Hunde, die von ihrem Besitzer aufgehetzt werden. Die Besitzer freuen sich darüber, dass ihr Hund so aggressiv und mutig ist. Herrchen nimmt mich bei solchen Begegnungen an die kurze Leine, und wir gehen schnell weiter. Denn mitunter geht dann auch bei mir spontan die Bürste hoch. Von den Nackenhaaren bis zur Rute stehen die Haare senkrecht nach oben, und die Ohren lege ich an. Herrchen lenkt mich schnell ab und zieht mich weiter. Auch das haben wir in der Hundeschule gelernt. Ich kann die Hundeschule jedem Hundehalter nur empfehlen. Wir Hunde lernen in jedem Alter. Je älter ein Hund ist, umso länger dauert es, bis er begreift. Das ist wie bei den Menschen. Am besten ist es für einen Hund, wenn die Hundeerziehung - die grundsätzlichen Dinge - mit einem Jahr abgeschlossen ist. Verfeinern und dazu lernen kann man immer. Sehr problematisch ist es, einen Fehler zu korrigieren, wie bei dem Irrtum mit meinem Hundeklo. Einmal gelernt ist für immer gelernt. Herrchen verwechselt manchmal links und rechts, ich nie.

Urlaub auf Hiddensee

An meinem ersten Geburtstag, am 15. Oktober 2000, war ich auf Hiddensee, einer kleinen Insel vor Rügen, in der Ostsee. Zuerst nur mit Herrchen, dann kam Frauchen nach. Herrchen hatte die glorreiche Idee, mich frei laufen zu lassen. Er kannte auf der Insel eine Stelle, da war auf der einen Seite eine hohe Steilküste und auf der anderen Seite das Meer. Dazwischen ein schmaler Strandstreifen. Aus seiner Idee wurde nichts, mein Hetztrieb machte sie zunichte. Es gab nämlich überall wilde Tiere: Vögel, Rehe, Karnickel, Füchse, und was nicht noch alles. Dazu kamen Haustiere, wie Schafe, Ziegen, Kühe, Pferde, Katzen und Hunde. Das alles auf engstem Raum. Ein tolles Jagdrevier. Nachdem ich einige Male die Steilküste hochrannte, herunterpurzelte und gleich wieder Anlauf nahm, wurde Herrchen bange. Auch das Meer hinderte mich nicht an der Jagd. Wenn dort Wasservögel schwammen oder auf großen Steinen im Wasser saßen, schwamm ich hinterher und verlor mitunter die Orientierung. Die Vögel blieben ja nie dort, wo sie am Anfang waren. Oder ich hetzte die Vögel am Strand, und Herrchen verlor mich aus den Augen. Schon bei dem Gedanken, dass ich in eine Schafherde einfalle und die Schafe in Panik geraten, bekam Herrchen Angstschweiß. Aus diesen Gründen musste ich wieder an die Leine. Trotzdem war der Urlaub wunderschön und hochinteressant.

Die Anreise mit der Bahn, dem Auto und dem Schiff war bereits ein Erlebnis. Die ganze Urlaubszeit ein einziges Gassi gehen und ich war täglich 24 Stunden mit Herrchen und Frauchen zusammen. Am frühen Morgen machten Herrchen und ich die übliche Radtour. Herrchen und Frauchen hatten sich Räder ausgeliehen und Herrchen an seinem Rad eine Zugvorrichtung montiert. Es war wie zu Hause, nur alles neu und interessanter. Sehr störend waren die vielen Urlauber und Tagestouristen. Früh, bis neun Uhr, war es erträglich. Da gab es nur den Versorgungsverkehr, und ein paar Frühaufsteher streunten umher. Später kamen die ersten Ausflugsdampfer, und es wurde hektisch. Schlimmer als in einer Großstadt. Wir trollten uns meistens vor neun Uhr und sahen zu, dass wir bis dahin aus dem Touristenrummel heraus waren. Herrchen wusste, wo wir unsere Ruhe hatten. Am Abend, nach 17 Uhr, wurde es wieder ruhiger, die Ausflugsdampfer waren dann weg. Am Anfang waren die Fahrradtouren der reine Spießrutenlauf. Links Touristen, rechts Touristen, überall Radler, und ich sollte da irgendwie vorbei. Herrchen gewöhnte mich daran, indem er mich an der kurzen Leine am Rad führte. Nachdem wir einige Tage Slalom gefahren waren, gewöhnte ich mich langsam daran. Gegen Ende des Urlaubs war ich schon so mutig, dass ich mich, vor dem Fahrrad laufend, zwischen Menschen an beiden Wegrändern hindurch schlängelte. Herrchen sagte nur „Gerade" und ich zog ihn todesmutig durch die Gasse. Das war heldenhaft für einen jungen Schlittenhund, der die Einsamkeit und Leere liebt und vor Fremden ohnehin Abstand wahrt.

Wenn auf Hiddensee die rote Sonne im Meer versinkt

Meinen Geburtstag werde ich so schnell nicht vergessen. Ich bekam als Geburtstagsgeschenk frisches Fischfilet, naturell, ungewürzt und leicht in Butter angedünstet. Es wurde handwarm serviert. Vor Begeisterung wollte ich den Teller gleich mitfressen. Das wünsche ich mir jedes Jahr zum Geburtstag. Im Urlaub war ich keine Stunde alleine, außer beim Einkaufen, doch das dauerte nicht lange, und das Leben rundherum bot Abwechslung. Vielleicht wäre Finnland mal eine Reise wert. Denk mal darüber nach, Herrchen. Eines Abends wollten Herrchen und Frauchen mal woanders essen gehen. Der Gastwirt sagte: „Aber nicht mit Hund!" Herrchen antwortete: „Wenn sie meinen Hund zum Bellen bringen, lege ich 50 DM auf die Theke." Das gefiel den einheimischen Gästen, und wir durften bleiben. Ich verkroch mich wie gewohnt unter der Bank und ließ mich durch niemanden und nichts provozieren. Nach dem Urlaub war ich heilfroh, wieder in der Abgeschiedenheit und Ruhe *zu Hause zu sein. So schön der Urlaub war, so stressig war er auch, da will ich niemandem etwas vormachen.*

Aus dem Rudelleben

Wir sind ja nur vier, Herrchen, Frauchen, Oma und ich. Dazu kommen einige bekannte Hunde und Menschen, die ich lieb gewonnen habe. Es freut mich, sie zu sehen und mit ihnen zu spielen. Eine erotische Wallung überkommt mich bei Frauen. Gerne presse ich meine Schnauze zwischen ihre Schenkel, stupse und schnuppere ein wenig. Das ist den Frauen sichtlich peinlich, aber offensichtlich nicht unangenehm. Frauchen sagt dann immer zu mir: „Das geht nicht mit uns beiden." Herrchen gab mir deshalb den Beinamen „Tango, der Sittenstrolch". Damit war meine Erziehung zum Begleithund im Wesentlichen abgeschlossen. Ich beherrsche die Kommandos „Sitz, Platz, Bleib, Links, Rechts, Gerade, Lauf, Stopp, an den Rand, Komm, Fuß, Gib Laut, Platz und Bleib, Da lang, Voraus, Kuckkuckkuckeinreh, Heyheyhey, Pfui, Aus, Brav, Pass auf." Dazu kommt von Oma der blöde Satz „Du sprichst wohl nicht mit mir, du Dummerle". Mit diesem Satz kann ich nichts anfangen. Womöglich meint sie ja Herrchen, der spricht auch nicht mit ihr.

Weiterhin reagiere ich auf Gesten, wie Richtungsweisungen mit dem Finger und der Hand, verstärkende Gesten zu den Befehlen sowie drohende und liebe Worte. Beispielsweise: Nicht mit mir - Wer ist hier der Boss - Scheiß Köter - Bist ein feiner Hund - Herrchen ist stolz auf dich - Ich hab dich gaaanzgaanz lieb. Ein weiteres Indiz für die Stimmungslage und die Wichtigkeit eines Wunsches oder Befehls ist der Tonfall. Er reicht vom zärtlichen Kosen bis zum zornigen Gebrüll. Die gute Erziehung ist jedoch restlos hin, wenn die Triebe und Urinstinkte geweckt werden. Der Hetztrieb, eine heiße Hündin, Angst, Panik, Aggression, herrliche Gerüche wie ein Misthaufen oder ein Hühnerhof, lassen mich alles Gelernte vergessen. Hier bin ich Hund, hier lasst mich sein! Vorsichtshalber bin ich deshalb immer an der Leine oder unter Aufsicht, damit meine Triebe mir keinen tödlichen Streich spielen können. Die Zivilisation hat auch für uns Schlittenhunde ihre Schattenseiten.

Allgemein kann ich sagen, vielmehr hätte Herrchen bei meiner Erziehung nicht richtig machen können. Er ist ja auch nur ein unvollkommener Mensch mit Fehlern und Tücken. Nur dreimal in zwei Jahren wurde ich hart bestraft. Zweimal durch das Greifen ins Genick und Schütteln und einmal bekam ich eine Ohrfeige. Ansonsten nur einen kleinen, angedeuteten Klaps. Das reicht in Verbindung mit Herrchens oder Frauchens Stimmlage völlig aus, um mich zu disziplinieren. Herrchen weiß eigentlich nicht mehr so recht, was er mir noch beibringen soll. Es muss ja auch Sinn haben. Was nutzt es mir, Pfötchen zu geben oder zu apportieren? Ich bin weder ein Schoßhund noch ein Jagdhund. Als Wachhund falle ich durch meine Wesensart ohnehin aus. Das würde zu nichts führen. Was Herrchen und Frauchen versuchen, ist mir das Alleinsein schmackhaft zu machen. Das wird nicht klappen, aber vielleicht können sie meinen Kummer beim Alleinsein mildern, indem sie mich langsam daran gewöhnen. Notgedrungen bleibt mir ohnehin nichts anderes übrig, als es hinzunehmen. Doch das ist von allem das Schwerste. Wenn Frauchen weggeht, kucke ich ihr nach und jammere herzzerreißend, obwohl Herrchen mich tröstet. Ich selbst bin nicht so kaltherzig. Als Herrchen einmal am Fenster weinte, weil ich mit Frauchen Gassi gehen wollte, lief ich zurück und tröstete ihn so lange, bis er aufhörte zu weinen und zu mir sagte „geh nur."

Bilderbogen vom Sittenstrolch Tango

11

12

13

14

15

16

Mein Hundeleben. 1 und 2 im Alter von vier Wochen; 3 im Alter von 8 Wochen; 4 Frauchen und ich nach 15 Wochen; 5 bis 7 als Lausbub; 8 mein Lieblingspinkelbaum; 9 und 10 mit den Radl unterwegs; 11 und 12 an der Ostsee; 13 beim Karpfenfischen; 14 mein Rudel, Frauchen, Herrchen und ich; 15 und 16 am Fuß der Treppe bin ich schon 12 Jahre alt; 17 auch Herrchen ist gealtert, wenn eine flotte Frau sagt „der ist aber schön", meint sie mich und nicht Herrchen – früher hatte auch er noch Chancen, armes Herrchen

Seit dem Februar 2001 bin ich Schützenbruder. Das war eine von Herrchens Schnapsideen. Wir waren bei der Generalversammlung und in einem günstigen Moment schlug Herrchen vor, mich im Verein aufzunehmen. Niemand protestierte. Wahrscheinlich bin ich Deutschlands einziger Schlittenhund, der Mitglied in einem Schützenverein ist. Meine Schützenschwestern und Schützenbrüder sind immer sehr nett zu mir, und ich habe sie lieb gewonnen.

Neuerdings spielt Herrchen mit mir öfters „Such". Vor dem Fressen nimmt er drei Eierbecher. Unter einen legt er ein Leckerli, dann verschiebt er sie ganz schnell und sagt zu mir „Such". Nun soll ich her-

ausfinden, unter welchem Eierbecher das Leckerli liegt. Das macht Spaß. Manchmal versteckt er auch Fleischstückchen im Garten und ich muss sie suchen. Was steckt dahinter?

Mittlerweile wiege ich 24 Kilogramm, schon seit einem Jahr. Ich bin zartgliedrig, muskulös, durchtrainiert und sehe offenbar sehr gut aus. Wie ein kleiner, sehr gepflegter Wolf. Viele halten mich im ersten Augenblick für einen Wolf. Durch das dicke Fell wirke ich stabil und von der Färbung und Gesichtsmaske her sehe ich einem Wolf ähnlicher als einem Fernsehhusky. Mein Sattel und mein Fleck auf der Rute haben sich vereint und die ganze Rückenpartie ist eine grauweiße Einheit. Oft höre ich die Frage: Ist das ein Husky? Warum hat er denn keine blauen Augen? „Blauäugige" stellen solche Fragen. Herrchen bleibt immer freundlich und erklärt geduldig, dass Huskys alle Augenfarben haben können. Mein größter Wunsch ist, dass Herrchen, Frauchen und ich noch lange, bei bester Gesundheit, zusammen bleiben. Am liebsten würde ich, wie Herrchen auch, nach einem erfüllten Leben, glücklich, gesund und schmerzfrei, in voller geistiger Frische, unversehens an Altersschwäche sterben. Ade und Winke Winke.

Euer Tango, der wollhaarige Sittenstrolch

P.S.: Schafft Euch bitte keinen Schlittenhund an, wenn ihr nicht täglich mindestens vier Stunden für ihn Zeit habt und ihm einen angemessenen Auslauf garantieren könnt. Und das über zehn Jahre hintereinander! Ein unausgelasteter Schlittenhund ist eine Katastrophe und nicht bereit, sich ein- und unterzuordnen. Ihr tut Euch und ihm keinen Gefallen, wenn Ihr das nicht bedenkt. Ich glaube, Herrchen will auch noch was sagen:

„So ein Schlittenhund ist die reine Harmonie. Er vereint Eleganz und Geschmeidigkeit mit lächelnder Liebenswürdigkeit. Ihn laufen zu sehen ist ein ästhetischer Hochgenuss. Alles an ihm ist anmutiges, fließendes, samtiges, schmiegsames, kraftvolles Vorwärtsstreben. Unverfälschte Freude und Lebendigkeit. Er strahlt das aus, was ich bei meinen Geliebten immer vermisste. Noch nie zog mich eine Geliebte in zwei Stunden dreißig Kilometer fröhlich durch die Natur und freute sich über

einen Napf voll Trinkwasser, den ich ihr zwischendurch reichte. Für mich ist Tango ein erholsames, gesundes Hobby, in das ich gerne viel Zeit und Liebe investiere. Kein Spielzeug, kein Wegwerfartikel, sondern ein Kumpel allerfeinster Art."

Kleine Hundeschule für Schlittenhunde

Diese kleine Hundeschule ist für alle Hunderassen geeignet, die auch als Begleithunde ausgebildet werden sollen. Bei dem ersten Hund, den man sich anschafft, ist es zu empfehlen, eine Hundeschule zu besuchen. Zehn Doppelstunden bei einem guten Hundelehrer dürften für das Allgemeine reichen. Es ist sinnvoller, Gruppenunterricht zu wählen als Einzelunterricht. Beim Gruppenunterricht haben die Hunde miteinander Kontakt. Das schult ihr Sozialverhalten. Außerdem lernt einer vom anderen, sowohl bei den Hunden, als auch bei den Hundehaltern. Bei dem Besuch der Hundeschule geht es weniger darum, was der Hund konkret lernt, sondern vielmehr darum, dass der Hundehalter den richtigen Umgang mit seinem Hund erlernt. Dazu gehören Tipps zur richtigen Ernährung, für konkrete Kommandos und artgerechte Haltung. Die Hundeschule sollte sehr früh besucht werden. Im Alter von fünf bis sechs Monaten ist ein junger Hund bereits sehr aufnahmefähig, und der Halter hat hoffentlich noch nicht allzu viel versaut. Bis dahin kann man ihm einfache Befehle selbst beibringen. Einfache Befehle sind Sitz, Platz, Stopp, Gib Pfötchen. Mit dem ersten Lebensjahr sollte die Erziehung, in ihren Grundlagen, abgeschlossen sein.

Die Lernmethode am Beispiel „Sitz"

Man lässt eine Mahlzeit aus, so dass der Hund hungrig ist. Dann nimmt man ein Leckerli, ein Fleischstückchen oder die käuflichen Snacks, zwischen zwei Finger, so dass der Hund sieht, was das Feines ist. Nun sagt man „Sitz". Immer und immer wieder, bis der Hund sich zufällig einmal hinsetzt. Das kann eine Minute dauern oder eine Stunde. Irgendwann tut er es gewiss. Nun gibt man ihm blitzschnell das Leckerli und lobt ihn. Das macht man mehrmals hintereinander und mehrmals täglich. Immer nur dieses eine Kommando, bis er es kapiert hat. Nach spätestens zwei Tagen kennt ihr Hund das Kommando „Sitz!" Nun erst beginnt die Erziehung. Jedes Mal, wenn man zu seinem Hund „Sitz!" sagt, muss er sich setzen. Niemals darf der Befehl „Sitz!" gegeben werden, ohne dass er befolgt wird. Im Notfall zwingt man seinen Hund dazu. Wie macht man das: Man sagt leise und freundlich „Sitz". Setzt er sich nicht, wiederholt man das Kommando im Befehlston „Sitz!". Setzt er sich nicht, wiederholt man das Kommando mit tiefer Stimme in Befehlston „Siiitz!!". Die tiefe Stimme wirkt auf den Hund bedrohlich. Setzt er sich nicht, sagt man „Sitz!", packt ihn gleichzeitig im Genick, zieht den Kopf hoch und drückt mit der anderen Hand sein Hinterteil auf den Boden. Möglichst blitzschnell, damit er ganz verdutzt ist, dass er plötzlich sitzt. Sitzt er, muss er immer belobigt werden oder ein Leckerli bekommen. Das ist wichtig, weil ihm damit das Ausführen des Befehls in angenehmer Erinnerung bleibt.

Unbedingt ist darauf zu achten, dass der Hund einen ausgeführten Befehl niemals von selbst aufhebt. Er muss solange sitzen bleiben, bis der Befehl wieder aufgehoben wird. Beispielsweise durch das Wort „Auf" oder „Komm". Es ist egal, welches Wort den Befehl aufhebt, es muss nur immer das gleiche sein. Steht der Hund von sich aus auf, kommt sofort der Befehl „Sitz!". Danach kann man ihn ja wieder aufheben. Es ist besser, nichts zu befehlen, als das Nichtausführen eines Befehles zu dulden. Duldet man, dass der Hund einen Befehl, den er kennt, nicht befolgt oder von sich aus aufhebt, ist der ganze Erziehungsaufwand umsonst. Der Hund hat begriffen, viel schneller als gelernt, dass er von sich aus den Befehl aufheben kann und folgt nur noch, wenn es ihm gerade mal so in den Kram passt. Man muss wieder ganz von vorne beginnen.

Erziehungszeitpunkt

Einfache Kommandos, wie „Sitz", „Platz", „Gib Pfötchen" lernt ein Hund bereits mit acht bis zwölf Wochen spielend. Befehle wie „Fuß", also nebenher laufen ohne zu ziehen, oder „Platz und Bleib", er soll dort, wo der abgelegt wurde, verharren, bis sein Halter in abrupt oder wiederkommt und den Befehl aufhebt, das sollte man erst ab dem 5. bis 10. Monat geduldig üben und festigen. Ein junger Hund ist verspielt, sehr anhänglich, und Warten ist ein schweres Los für ihn. Noch schlimmer ist Alleinsein. Ihn an das Alleinsein zu gewöhnen, erfordert Geduld und Vertrauen. Da muss die Beziehung zwischen Hund und Halter bereits gefestigt sein.

Allgemein ist die Erziehung für den Hund ein Vergnügen. Er ist beschäftigt, es ist interessant und durch Leckerli und Lob lohnend. Vor allem: er ist angeschlossen. Eine Unterrichtseinheit sollte nicht länger als 20 Minuten dauern, danach lässt die Konzentration nach und der Hund braucht eine Auflockerung. Ein kurzes Gassi oder Spielen. Bei der Erziehung ist in einer Unterrichtseinheit nur ein einziges Kommando zu erlernen. Erst, wenn er das begriffen hat und beherrscht, kommt ein neues. Bei gleich bleibender Lernmethode geht das Lernen immer schneller. Der Hund erfasst das Prinzip. Einfache Befehle lernt jeder Hund problemlos, vom Rehpinscher bis zum Bernhardiner. Dazu gehören: Sitz, Platz, Pfui, Komm, Brav, Aus, Stopp, Gib Laut.

Kompliziertere Aufgaben sind rasse- und eignungsbedingt. Sie erfordern eine Spezialausbildung, wie etwa für einen Jagdhund, Blindenhund, Spürhund und Schlittenhund. Auch die Ausbildung als Begleithund erfordert, durch die Vielseitigkeit des Umfeldes, viel Zeit, Gewöhnung und große Sorgfalt. An Verkehrsmittel wie Bahn, Bus, Auto, Schiff oder Lift muss der Hund gewöhnt werden. Das Verhalten in Gaststätten, Hotels, Städten und Einrichtungen sowie in ungewöhnlichen Situationen muss geübt werden. Beispielsweise ist das Betreten eines Gitterrostes für einen Hund ein sehr schwieriges Problem. Das alles muss ihm mit Geduld, ohne ihn zu überfordern, allmählich beigebracht werden.

Bestrafen

Niemals schlagen! Durch Schläge wird der Hund verängstigt, eventuell sogar zum Angstbeißer. Oder er stumpft ab, und die Schläge sind wirkungslos. Oder er wird gebrochen und ist nur noch ein Häufchen

Elend. Die härteste und brutalste Strafe ist, wenn man seinen Hund im Genick packt, ihn aushebt, hin- und herschüttelt, „Pfui, Pfui, Pfui" ruft und ihn scheinbar achtlos zur Seite wirft. Das ist für den Hund schlimmer als jede Prügel, und er wird dabei nicht verletzt. Dieses letzte Mittel ist nur im Ausnahmefall und wohlüberlegt - niemals im Affekt - anzuwenden. Ein oder zwei Mal im Hundeleben, genau im richtigen Augenblick, reicht völlig aus, um die Prioritäten ein für allemal klar zu stellen. Wichtig! Eine Bestrafung muss immer sofort erfolgen. Man muss seinen Hund auf frischer Tat ertappen und sofort bestrafen. Alles andere ist sinn- und zwecklos, weil der Hund dann nicht weiß, wofür er bestraft wird und was er falsch gemacht hat. Ebenso hat es keinen Sinn, mit seinem Hund zu schmollen, beleidigt zu sein oder ihn durch Nichtachtung zu strafen. Nur der Augenblick zählt und bleibt haften, alles andere begreift er nicht. Es führt zu Irrtümern, weil der Hund die Strafe auf etwas anderes bezieht als auf das Vergehen. Er wird dann häufig neurotisch, ängstlich oder aggressiv.

Bei richtiger Erziehung reichen die Stimmlage und Körperhaltung völlig aus, um seinen Hund zu disziplinieren. Stimmlagen sind: zärtliches Flüstern, normales Sprechen, Befehlston, tiefe, drohende Stimme und „wütendes" Fluchen. Die Körperhaltung geht von der freundlichen, weichen Streichelhaltung bis zur aufrechten, strengen, gewaltigen Angriffshaltung.

Dazu drei Beispiele

° *Ich habe meinen Hund an der Leine und „Sitz" zu ihm gesagt. Er sitzt. Dann sieht er eine Katze, springt auf und rennt los. Ich fluche: „Scheißköter! Wer ist hier der Boss! Was bildest du dir ein!" Dabei gehe ich drohend auf ihn zu. Er legt sich sofort auf den Rücken und macht die Ergebenheitsgeste. Ich beuge mich hinunter, kraule ihn und vergebe ihm. Alles ist vergessen und vorbei. Das ist optimal.*

° *Mein Hund springt mich und andere aus Freude an. Er hat die Vorderpfoten auf meiner Brust und steht auf den Hinterpfoten. Ich habe vorsorglich Socken an, weil ich ja weiß, dass er mich gerne anspringt.*

Kaum hat er mich angesprungen, wische ich ihm mit dem Fuß die Hinterpfoten weg und er fällt um. Nach dem zweiten oder dritten Mal springt er niemanden mehr an.

° *Mein Hund macht nicht "Platz", trotz drohender Stimme. Ich ziehe ihn an der Leine nach unten, den Kopf schräg nach vorne und wische ihm mit dem anderen Unterarm die Vorderpfoten nach vorne weg. Schon hat der "Platz" gemacht. So bald ignoriert er keinen Befehl mehr.*

In der Erziehungsphase ist es unerlässlich, dass der Erzieher immer Zugriff auf seinen Hund hat. Ist dieser Zugriff nicht gewährleistet, beispielsweise wenn der Hund frei läuft, ist auf Erziehungsmaßnahmen zu verzichten. Da kommt man zu leicht ins Hintertreffen und verliert seine Autorität. Im Grenzfall gibt es auch hier Mittel, den Gehorsam zu erzwingen, wie beispielsweise eine Wurfkette oder ein Teletaktgerät, der Elektroschock durch Fernbedienung. Bevor man diese Methoden anwendet, muss man sich vorher bei einem erfahrenen Hundelehrer genau erkundigen. Ein junger Hund kann bei falscher Anwendung einen Schock fürs Leben bekommen. Teletaktgeräte werden in der Regel nur für die Spezialausbildung, ab dem zweiten Lebensjahr, angewendet. Beispielsweise bei der Jagdhundausbildung.

Falsche Kommandos

Man muss sorgfältig darauf achten, dass das Ausführen eines Befehls oder Kommandos auch kontrollierbar ist. Binde ich meinen Hund vor einem Geschäft an und sage zu ihm "Platz", ist das falsch. Die Einhaltung dieses Befehls kann ich nicht kontrollieren, weil ich ja im Geschäft bin. Deshalb sage ich zu ihm "Bleib", denn bleiben muss er, weil er angebunden ist. Diese kleinen Dinge sich wichtig. Begreift der Hund, dass er einen Befehl ungestraft von sich aus aufheben kann, wird er es immer wieder tun.

Mitunter ist ein falsches Kommando eine lehrreiche Selbstkontrolle. Ich stehe im Münchner Hauptbahnhof vor dem Fahrplan. Mein Hund sitzt neben mir. Ein anderer Reisender kommt zum Fahrplan. Ich sage zu meinem Hund: „Mach mal Platz". Sofort legt er sich hin. Ich kam mir ziemlich blöd vor.

Instinkte und Triebe

Sie sind von Hund zu Hund und Rasse zu Rasse unterschiedlich stark ausgeprägt, aber fraglos vorhanden. Man muss sie nutzen oder unterdrücken. Aggressionen sollte man nicht fördern. Ist der Hund Artgenossen oder Menschen gegenüber aggressiv, ist dies mit allen Mitteln zu verhindern, notfalls mit dem geschilderten „Griff ins Genick". Da gibt es kein Pardon! Bei einem Schlittenhund lässt sich beispielsweise der Hetztrieb leicht zum Ziehen ausnutzen. Er ist die Ursache für seine Bereitschaft zum Ziehen. Ihn zu unterdrücken, wäre gleichbedeutend mit einer Verkrüppelung.

Jede der vielen Hunderassen ist für bestimmte Aufgaben gezüchtet und hat entsprechende Eigenschaften. Deshalb muss ein Hund artgerecht gehalten werden. Schlittenhunde zum Beispiel haben einen sehr ausgeprägten Hetztrieb, deshalb ziehen sie den Schlitten und laufen gerne. Das Rudel im Gespann jagt den Leithund an der Spitze. Um einem Schlittenhund den Hetztrieb auszutreiben, müsste man ihn brechen. Das wäre vergleichbar mit einem Pianisten, dem man die Finger abhackt. Wer dem Schlittenhund den Hetztrieb nimmt, nimmt ihm seinen Lebensinhalt und seine Lebensfreude. Das sollte jeder Hundehalter bedenken, bevor er sich einen Schlittenhund anschafft.

Futter und Pflege

Ein junger, kleiner Hund sollte dreimal täglich eine kleine Mahlzeit bekommen, und zwar spezielles Welpenfutter. Darüber hinaus nichts. Ausnahme ist die Erziehung. Bei der Erziehung wird er für eine sehr gute Leistung mit einem Leckerli belohnt, für eine gute mit Streicheln und Loben. Für eine Fehlleistung gibt es weder Lob noch Bestrafung. Man verhält sich, als wäre nichts gewesen und wiederholt die Übung so lange ruhig und bestimmt, bis sie klappt. Ist der Hund größer, reichen zwei oder nur eine Mahlzeit am Tag. Das hängt davon ab, wie schwer der Hund ist und wie stark er gefordert wird. Ein Schlittenhund, der täglich 30 Kilometer zieht, braucht mehr Futter, als ein Haus- und Hofhund, der viel ruht. Ist der Hund an ein Futter gewöhnt, ist es empfehlenswert, dabei zu bleiben. Jede Umstellung führt vorübergehend zu Problemen, von Durchfall bis zur Appetitlosigkeit. Bei der Futterauswahl sollte man einen erfahrenen Hundehalter zu Rate ziehen. Am besten jemand, der seit Jahrzehnten mit der gleichen Rasse vertraut ist.

Medizinische Betreuung

Einmal im Monat ist der Hund zu entflöhen. Das Flohmittel nach Gebrauchsanleitung anwenden. Alle drei Monate, als Junghund monatlich, wird entwurmt. Ebenfalls nach Gebrauchsanleitung. Das Mittel zum Entwurmen glättet die Darmwände, damit die Würmer keinen Halt mehr an der Darmwand finden und abgehen. Dadurch wird die Verdauung gestört. Deshalb ist am Tag des Entwurmens nur wenig und leichtes Futter zu geben. Täglich eine Vollmassage und gründliches Ausbürsten genießt der Hund wie ein herrliches Bad. Bei der Massage findet man Zecken und andere Wehwehchen. Das Ausbürsten hat den Vorteil, dass die Haare in der Bürste sind und nicht überall in der Wohnung verteilt. Baden braucht man seinen Hund nicht, es sei denn, er hat sich im Mist gewälzt. Dann reicht eine lauwarme Dusche und Auswaschen, ohne Seife oder Schäume. Bei bedenklichen Verletzungen und Entzündungen ist der Tierarzt zu fragen, der eine Menge nützlicher Tipps geben kann. Einfach alle Fragen vorher aufschreiben und dann abhandeln.

Zusammenfassung

Erziehung

° *So früh wie möglich beginnen, ab 8. Woche.*
° *Der Hund muss den Befehl begriffen haben, bevor man weitermacht.*

- Der Hund muss den begriffenen Befehl immer ausführen.
- Nach dem Befehl muss man dem Hund ein paar Sekunden Zeit lassen, damit er ihn verarbeiten und ausführen kann.
- Hat der Hund den Befehl korrekt ausgeführt, muss man ihn loben und belohnen.
- Der Hund darf niemals einen Befehl von sich aus aufheben. Bis ein Befehl sicher sitzt, muss er rund 3000-mal befolgt worden sein. Dann ist er so selbstverständlich, wie für einen Bundesbürger die Schuhe.
- Den Spieltrieb sollte man zur Erziehung nutzen. Viel Spiel, viele Einflussmöglichkeiten.
- Erziehung ohne Leine. Der Hund darf niemals auf die Idee kommen, dass man ohne Leine keinen Zugriff auf ihn hat.
- Für besondere Aufgaben ist die Eignung des Hundes zu berücksichtigen.

Bestrafung

- Niemals Schlagen! Ein Klaps oder eine kleine Ohrfeige ist kein Problem.
- Bestrafen durch Stimmlage und Körperhaltung. Dominanz zeigen!
- Unarten durch geeignete, wohlüberlegte Maßnahmen abgewöhnen. Am besten den Fachmann, Tierarzt oder Hundelehrer fragen.
- Harte Strafen, wie das Greifen ins Genick, Ausheben und Schütteln, nur ganz selten und nur in sehr schweren Fällen des Ungehorsams anwenden. Niemals in Wut! Der Hund muss wissen, wer der Chef ist und wo er in der Rangordnung steht. Daran führt kein Weg vorbei.

Falsche Kommandos

- Das Ausführen und Einhalten eines Kommandos oder Befehls muss kontrollierbar sein.
- Besser nichts befehlen, als etwas durchgehen lassen. Die Kommandos müssen kurz und eindeutig sein.

Instinkte und Triebe

° *Negative Verhaltensweisen sind zu unterdrücken.*
° *Nicht unterdrückbare Triebe sind zu nutzen und zu lenken.*
° *Niemals den Hund „brechen". Er ist an seinen Urtrieben so unschuldig, wie ein Säugling am Tag seiner Geburt.*

Futter und Pflege

° *Immer das gleiche Futter zur gleichen Zeit.*
° *Leckerli nur als Erziehungshilfe. Niemals naschen!*
° *Der Hund muss immer sauberes Wasser haben. Auf langen Spaziergängen Wasser mitnehmen. Das Brackwasser aus Tümpeln und Gräben kann zu Durchfall und Infektionen führen. Bei Durchfall einen Teelöffel zu Staub gemahlenen schwarzen Tee unter das Futter mischen. Bei Verstopfung eine Suppenkelle echte Hühner- oder Fleischbrühe unter das Futter mischen.*
° *Für die Zähne braucht der Hund etwas zum Beißen. Beißknochen aus Büffelhaut, Kalbsknochen, getrocknete Schweinsohren.*
° *Ausbürsten und Massage schaffen Vertrauen. Er wird nicht handscheu.*
° *Flohmittel und Entwurmen nach Gebrauchsanleitung.*
° *Bei Problemen den Fachmann fragen, wie den Tierarzt, Hundelehrer, erfahrene Züchter und Hundehalter.*

Allgemein

Es wird unendlich viel Mist erzählt. Misstrauen und Skepsis gegenüber Ratschlägen ist Pflicht für jeden Hundehalter. Die hier beschriebene „sanfte" Erziehung gilt nur für junge Hunde bei ihrem Erstbesitzer. Ist ein Hund erst einmal versaut, ist es sehr schwer und langwierig ihn umzuerziehen. Eventuell kann ein Hundepsychologe nützlich sein. Fast immer hat der Hundehalter Schuld am Fehlverhalten seines Hundes.

Seemannsgarn

Unser Seemannsgarn ist uneigennützig. Es ist äußerst unwahrscheinlich, dass in absehbarer Zeit Gravierendes bei der Lebenshilfe geschieht. Bis es einmal so weit ist, sind wir längst tot. Unsere Gespinste sind nur die dünnen Stimmchen des Volkes.

Zwar sind die Chancen, die Lebenshilfe in unserem Sinne zu gestalten, verschwindend gering, dennoch ist das Thema brandheiß. Die Gegner der Lebenshilfe (sie sagen Sterbehilfe) haben derzeit zwar die Macht, alles durchzusetzen, was ihnen vorschwebt. Doch tun sie es, schaufeln sie damit ihr eigenes Grab.

Gut zwei Drittel der Bundesbürger befürworten die Lebenshilfe, annähernd so viele sogar die angeblich verpönte kommerzielle Sterbehilfe und den Sterbetourismus in die Schweiz. Man gönnt sich ja sonst nichts! Auch die Medien greifen flächendeckend das Thema auf, zurückrudern können sie schlecht, ohne sich zu blamieren. Deshalb ist guter Rat gefragt! Der schnellste und sicherste Weg zu einer menschenwürdigen Lebenshilfe ist das neue deutsche Markenzeichen: die friedliche Revolution.

Wir Tattergreise müssen die Wahlurnen stürmen. Gehen wir zu jeder Gemeinde-, Landes- und Bundestagswahl und wählen konsequent die CDU/CSU ab. Wer es nicht mehr bis zur Urne schafft, macht Briefwahl. Bitten wir unserer Kinder und Kindeskinder uns zu unterstützen und aus Solidarität ebenfalls die CDU/CSU abzuwählen. Bitten wir die ohnehin frustrierten Nichtwähler um Solidarität und ihre Stimme gegen die CDU/CSU – das könnte ihnen gefallen!

Jede Partei, mit Ausnahme der CDU/CSU, steht zur Wahl. Daran zerbricht die Bundesrepublik nicht. Willy Brandt, Helmut Schmidt und Gerhard Schröder haben nicht schlechter regiert, als Helmut Kohl und Angela Merkel.

Gelingt uns dieser Coup und die CDU/CSU stürzt so steil ab, dass sie auf der Oppositionsbank landet und als Regierungspartei untragbar ist, ist das ein unüberhörbares Signal. Alle anderen Parteien werden umgehend reagieren, um nicht ebenfalls abgewählt zu werden. Jeder Bundesbürger könnte, ohne Bevormundung, seinen Tod sterben, wie es unser Gesellschaftsvertrag vorsieht.

Zur letzten Ruh

Tatternd tattern Tattergreise
Quietschvergnügt zur Urne hin
Weil man ihre letzte Reise
Ihnen nicht vergönnen will
Viele süße kleine Kreuzchen
Schenken sie Gevatter Staat
Lachen sich dabei ins Fäustchen
Freun sich auf den nächsten Tag
Ins Hospiz „Zur Letzten Ruh"
Wählten sie die CDU!

Machen wir Tattergreise und Wähler es den Parteien leicht und stellen ihnen erfüllbare Forderungen. Jeder mündige Bundesbürger muss jederzeit **freiwillig** seine Willenserklärung für seinen Lebensabend, Sterbewunsch und Notfallsituationen abgeben dürfen. Die Gründe sind einleuchtend. Die Wünsche der Bürger sind subjektiv so verschieden, dass nur ein individuelles Eingehen auf den Einzelnen, im Rahmen eines machbaren Spektrums, der Menschenwürde gerecht wird. Um das zu erreichen, braucht der Staat nur einen Lebenshilfeausweis anzubieten, in den der Bürger seine Wünsche eintragen kann, mit der Gewähr auf Erfüllung. Damit würde auch eine bürgernahe Bedarfsplanung erleichtert.

Um Missbrauch zu unterbinden und dem Bürger entgegen zu kommen, erhält jeder, der einen Lebenshilfeausweis beantragt, ein Merkblatt mit Vorinformationen, eine Beratung in seinem Sinne und er wird zum Schutz der Gemeinschaft überprüft. Seine Geschäftsfähigkeit wird festgestellt und ein polizeiliches Führungszeugnis angefordert, um seine Loyalität zum Staat abwägen zu können.

In unserer Broschüre „Kann denn Sterben Sünde sein?" ist, wie bereits erwähnt, ein solcher Lebenshilfeausweis beschrieben.

Gelingt unser Bürgerstreich, könnte das ein Ansatzpunkt für eine friedliche, gewaltlose Volksdemokratie sein. Ich komme darauf zurück.

Wie sieht die Wirklichkeit aus?

Es ist bestürzend, hochgebildete, wohlhabende Bundesbürger und Persönlichkeiten erschießen sich lieber, anstatt in einem vom Staat gepriesenen Seniorenheim oder Hospiz, liebevoll betreut, ihren Lebensabend in Freude und Demut zu genießen. Ich beschränke mich, stellvertretend für Tausende, auf drei Selbstmorde aus der jüngeren Zeit, die eindrucksvoll das Dilemma der Sterbehilfe in der Bundesrepublik belegen. Es sind der Medienmanager Udo Reiter, der Schriftsteller Wolfgang Herrndorf und der Playboy Gunter Sachs. Alle drei haben sich erschossen.

Udo Reiter hat sich, bevor er sich erschoss, im Fernsehen und in einem Buch ausführlich zur Sterbehilfe geäußert. Ich zitiere:

„Ich möchte bei mir zu Hause, wo ich gelebt und glücklich war, einen Cocktail einnehmen, der gut schmeckt und mich sanft einschlafen lässt. Dieses Recht auf einen selbstbestimmten Tod ist das Gegenstück zum Recht auf ein selbstbestimmtes Leben. Ich finde es unerträglich, dass eine Allianz aus Politik, Kirche und Ärzteschaft uns dieses Recht immer noch vorenthalten will." Und als Zusammenfassung: „Um es klar zu sagen: Ich freue mich meines Lebens und möchte, solange es irgend geht, dabei sein. Aber wenn es nicht mehr geht, möchte ich nicht in einer Weise abtreten, die ich quälend finde und die meiner bisherigen Lebensweise unwürdig ist."

Uns, meiner Frau und mir, hat Udo Reiter aus der Seele gesprochen. Das ist, auf den Punkt gebracht, auch unsere Vorstellung vom Leben und Sterben. Es berührt uns bitter, dass Reiter sich erschießen musste, weil der Staat ihm seinen Wunschtod nicht vergönnte.

Der Schriftsteller Wolfgang Herrndorf hatte einen bösartigen, unheilbaren Gehirntumor. Um aus dem Leben scheiden zu können, musste er durch Hinterhöfe schleichen, um sich illegal einen Revolver kaufen zu können. Das empfand er als schmerzliche Erniedrigung. Der Revolver, als Versicherung sich jederzeit erschießen zu können, gab ihm die Kraft weiter zu arbeiten, bis der Sterbewille übermächtig wurde. Auch Herrndorf wünschte sich einen Freitod, ähnlich wie ihn Udo Reiter beschrieben hat.

Weshalb sich der Playboy Gunter Sachs erschoss, blieb im Dunkeln. Überliefert ist nur ein „A", das er in seinem Abschiedsbrief nannte. Sein Tod wurde weitgehend vertuscht. Dass sich Ästheten erschießen, ist ungewöhnlich, sie stehlen sich lieber davon. Sein Suizid deutet auf eine Verzweiflungstat, Einsicht oder Kurzschlussreaktion hin. Erschießen ist standesgemäß Offizieren und Jägern vorbehalten, für Laien ist es viel zu riskant. Die Wahrscheinlichkeit zu überleben ist mit 24 Prozent sehr hoch. Selbst bei Kopfschüssen liegt sie noch bei neun Prozent. So ein Kopfschuss ist eine unästhetische Zumutung für alle Hinterbliebenen.

Was ist das für ein Staat, der geschäftsfähige, mündige Bürger zu Verzweiflungstaten treibt? Der ihnen Informationen und Medikamente für einen menschenwürdigen Freitod vorenthält? Der das Thema Sterben tabuisiert und vorsätzlich alle Möglichkeiten eines schönen Freitods vereitelt? Der billigend Verzweiflungstaten und grausige Freitode in Kauf nimmt, die häufig sogar unschuldige mit in den Tod reißen? Werden wir von Bestien regiert?

Was im Alltag geschieht, offenbaren vertrauliche Gespräche mit Pflegepersonal, das täglich zwischen Pflegeperson und den Vorgesetzten pendelt. Die Atmosphäre ist vergiftet. Bei den jüngeren, gut ausgebildeten Pflegekräften ist die Fluktuation hoch. Sie hoffen durch Stellenwechsel irgendwann einen Arbeitsplatz zu finden, der ihnen zusagt. Häufig hört man, dass der Stress in den letzten Jahren enorm zugenommen hat. Fast alle langjährigen medizinischen Angestellten in Krankenhäusern und Pflegeheimen versorgen sich klamm heimlich mit Medikamenten für ein persönliches, privates Sterbeset. Wenn man erst einmal Rentner oder ein Pflegefall ist, sei es dazu zu spät, sagen sie einhellig. Die Kontrollen haben, womöglich auch deshalb, zugenommen. In vielen Krankenhäusern dürfen die Schwestern und Pfleger dem Patienten nicht einmal mehr eine harmlose Schlaftablette geben, ohne vorher den Arzt zu fragen. Insbesondere junge Ärzte sind ängstlich, sie knausern sogar bei Schmerzpatienten mit Schmerzmitteln, weil sie befürchten, der Patient könnte eventuell daran sterben, und sie müssten das dann verantworten.

Wie krank ist unsere Gesellschaft? Jeder achte Arbeitsplatz ist im Gesundheitswesen. Gäbe es keine Kranken und Pflegefälle, müsste die Bundesrepublik womöglich in Liquidation gehen und unsere christlichen Kirchen würden am Hungertuch nagen. Unsere Erlebnisse und Besuche in Altenheimen sind beschämend und bedrückend. Erstaunlich viele Pflegepersonen betteln, resigniert und hilflos, um einen schnellen, schönen Tod. Selbst gute Christen beten, laut und leise: „Herr erlöse mich, nimm mich zu dir." Man munkelt, dass sogar Papst Johannes Paul II Gott um Erlösung bat.

Die friedliche Revolution

Sollte uns Bundesbürgern das Wunder gelingen, die CDU/CSU abzuwählen und eine menschenwürdige Lebenshilfe zu erzwingen, wäre das ein Ansatzpunkt für eine echte Demokratie mit selbstbewussten Bürgern. Wir könnten auf unserem Erfolg aufbauen. Es wäre pupseinfach. Wir stellen an die Parteien schlichte Forderungen und wählen die Partei, die das beste Konzept zur Umsetzung anbietet. Eine reine, ehrliche Erpressung. Welchen Grund gibt es, Scharlatane durch unsere Stimmen und Steuern zu füttern? Ich nenne und diskutiere mal so eben drei Forderungen, die den meisten Bürgern Vorteile brächten, erfüllbar wären und uns zusammenwachsen ließen.

1. Forderung: Jeder Bundesbürger wächst von der Geburt bis zur Volljährigkeit zweisprachig auf. Deutsch als nationale Identität und Englisch, weil es bereits weltweit verbreitet ist und unserem Kulturkreis entspricht. Das Ziel ist, dass jeder Bürger beide Sprachen gleichermaßen beherrscht. Das Erlernen erfolgt im Elternhaus, der Kinderkrippe, dem Kindergarten mit Vorschule und der Schule. Dafür werden Eltern, Erzieher und Lehrer besonders geschult. Die Sprachlehrerausbildung gehört zum Beruf. Die Zweisprachigkeit wird durch die Medien und Öffentlichkeit gefördert.

Die Gründe: Zwei Sprachen sind ein Stückchen Freiheit mehr, sie können das Leben verändern. Jeder könnte in jedem deutsch- und englischsprachigen Land leben, lernen und im Rahmen seiner höchsten Qualifikation arbeiten. Wer jung, gesund und gut ausgebildet ist, ist überall willkommen, als Besucher, mit Aufenthaltsgenehmigung und Arbeitserlaubnis oder als Einwanderer und Staatsbürger. Auch flirten ist leichter. Ein anschauliches Beispiel für die Vorteile der gleichen Sprache waren die DDR und BRD. Vor dem Mauerbau im Jahr 1961 musste die Regierung der DDR (Deutsche Demokratische Republik) moderat sein, weil jeder DDR-Bürger sonst über die offene Grenze der Stadt Berlin in die BRD (Bundesrepublik Deutschland) geflüchtet wäre. Die Flüchtlingsströme belegen das. Viele Flüchtlinge hatten bereits vor ihrer Flucht einen Arbeitsplatz in der Bundesrepublik, die technischen Berufe waren privilegiert. Nicht anders wäre es in der heutigen Bundesrepublik. Der zweisprachige Bürger könnte sich jederzeit problemlos ins Ausland absetzen, wenn er sich davon mehr verspricht. Das Erlernen der Sprachen von Geburt an empfiehlt sich, weil bis zum 10. Lebensjahr das sogenannte „Sprachfenster" offen ist. Die Kinder erlernen Sprachen spielerisch, ohne Anstrengung. Es macht ihnen Spaß. Bis zum 10. Lebensjahr hätten sie beide Sprachen verinnerlicht und könnten darauf aufbauen.

Durch zwei Sprachen wird der Horizont erweitert und die Verständigung verbessert. Ein paar grobe Richtwerte zur Sprachkunde: Wer 300 Wörter einer Sprache beherrscht, kann sich damit durchschlagen. Wer 1000 Wörter beherrscht, kann problemlos Alltagsgespräche führen. Der Durchschnittsbürger beherrscht in seiner Muttersprache 10 000, der

Gebildete 30 000 bis 50 000 Wörter. Die englische Sprache verfügt über einen Wortschatz von 600 000 und die deutsche von 300 000 Wörtern. Wer beide Sprachen spricht, verfügt über einen sich ergänzenden Wortschatz, der eine erhebliche Lebenshilfe ist. Die Sprache ist ja nicht nur Verständigungsmittel, sondern auch Kulturgut. Ein Nebeneffekt ist, dass das Sprachzentrum im Gehirn trainiert und verknüpft ist, damit fällt das Erlernen weitere Sprachen leichter.

2. Forderung: Jeder Bürger durchläuft von der Geburt bis zur Volljährigkeit einen allgemeinverbindlichen Bildungsweg, der ihn durchs Leben trägt. Der Bildungsweg umfasst drei Schwertpunkte:

o ein umfassendes Allgemeinwissen, das ihn befähigt, das Leben im Gesamtzusammenhang zu erfassen und sich als Weltbürger zu begreifen;
o eine individuelle Bildung, die den Anlagen und Neigungen des Einzelnen entspricht. Sie soll ihm einen Lebensinhalt vermitteln und seine Persönlichkeit fördern. Er soll mit sich im Einklang leben;
o eine zukunftsweisende Berufsausbildung als Existenzgrundlage mit Perspektiven. Es ist anzustreben, dass der Beruf, im Sinne einer Berufung, den Anlagen und Neigungen des Auszubildenden entgegenkommt.

Die Abschlussarbeit zur Volljährigkeit ist ein Lebensweg als Orientierungshilfe. Sie ist eine Gemeinschaftsarbeit von Schüler, Eltern, Erziehern, Lehrern und Experten. Als Abschlusszeugnis erhält jeder Schüler einen Leistungsspiegel, der seinen Bildungsstand beschreibt. Mit dem vollendeten 18. Lebensjahr ist der Bürger mündig und für sich verantwortlich.

3. Forderung: Das Recht auf Arbeit. Jeder arbeitsfähige Bürger hat das Recht auf einen Arbeitsplatz und Anspruch auf einen Mindestlohn für ein menschenwürdiges Leben. Nur wer nach geltendem Recht nicht arbeitsfähig ist (behindert, Jugendschutz, Rentner) erhält bei Bedürftigkeit eine Lebenshilfe und Grundsicherung.

Diese drei Forderungen sind keine so großen Brocken, dass sich die Bundesrepublik daran verheben würde. Auch für Europa und die Globalisierung wären zwei Sprachen, ein hohes Bildungsniveau und ein gute Berufsausbildung ein Gewinn. Ein geeintes Europa ohne gemeinsame Sprache ist ein Unding, Englisch ist favorisiert, auch als Weltsprache. Wenn die Bundesrepublik die drei Forderungen umsetzt, würden die meisten Staaten dem Beispiel folgen müssen, oder zurückfallen. Das wäre eine echte, vorgelebte Führungsrolle in Europa.

Alle drei Forderungen sollten in einem allgemeinverbindlichen Erziehungsleitfaden zusammengefasst werden. Er dient als Erziehungshilfe für Eltern, Erzieher und Lehrer. Auf diese Weise erhält jeder Bürger die gleiche Bildungschance und die gleichen Grundlagen vermittelt. Dass das Bildungsniveau der Schüler unterschiedlich ist, ist selbstverständlich. Der eine hat mit 18 Jahren Hochschulreife erlangt, der andere als Facharbeiter seine Leistungsgrenze erreicht. Doch der gleiche Bildungsweg verbindet, baut Brücken, fördert die Solidarität und ist eine gute Voraussetzung für eine funktionierende Gesellschaft. Sinnvoll wäre in diesem Zusammenhang das Einführen von Leistungsklassen statt Jahrgangsklassen. Dadurch kann jeder, unabhängig von seinem Alter, seine persönlichen Interessen und Fähigkeiten besser ausschöpfen. Er lernt, gemäß Auffassungsgabe, in verschiedenen Klassen mit Schülern vergleichbarem Niveaus und ist entsprechend eingestellt.

Weil in der Bundesrepublik, im 21. Jahrhundert, kaum ein Jugendlicher seine Schule und Lehre vor dem 18. Lebensjahr abgeschlossen hat, wäre ein einheitlicher und gleicher Bildungsweg für Mädchen und Jungen, wie hier beschrieben, nur ein Umgestalten von Lehrplänen und Lehrtätigkeit, also nichts Unbekanntes und Neues. Die Grundvoraussetzungen, Elternhaus, Kinderkrippe, Kindergarten, Vorschule, Schule und Lehrausbildung sind vorhanden. Da der Pflichtteil des Bildungsweges in Ganztagsschulen nur rund ein Drittel der Wochenzeit beansprucht, bleibt genügend Freizeit für andere Interessen.

Geneigte Leser, testen Sie sich selbst. Verfolgen Sie eine Woche lang aufmerksam die Medien und fragen Sie sich, was Ihnen und Ihren Kindern mehr einbrächte: das Erfüllen der drei Forderungen oder die gesamte Gesellschafts- und Weltpolitik, die Ihnen in Bild, Ton, Sprache und Text durch die Medien geboten wurde? Am Weltgeschehen ist keiner von uns Bürgern direkt beteiligt, darauf haben wir keinen Einfluss. Wir sind ja eine parlamentarische Demokratie und haben unser Schicksal an die Regierung delegiert. Die drei Forderungen aber ließen sich durch ein Kreuzchen bei den Wahlen umsetzen. Es wäre eine mehrheitliche, friedliche, gewaltlose, legale, demokratische Volksentscheidung. Auf diese Weise ließe sich die Wahrhaftigkeit unserer Politiker und Eliten testen. Gemäß ihrer Eigenpropaganda wünschen sich ja alle Parteien sehnsüchtig den mündigen, selbstbewussten, mitbestimmenden Bundesbürger. Um unsere Glaubwürdigkeit und unseren Handlungswillen zu dokumentieren, sollten wir als Einstand die CDU/CSU abwählen. Mit ihrer Sterbehilfedebatte und all den Unsinn, den sie verzapft, hat sie sich disqualifiziert. Beerdigen wir sie in der Wahlurne! Die Partei, die für unsere Forderungen die besten Konzepte liefert, erhält unsere Stimme.

Ein Versprechen

Sollte ich noch ein Jährchen leben, schreibe ich eine visionäre Biografie, pure Fantasie. Der Einstieg ist ein erfundener Gesellschaftsvertrag ähnlich einer Verfassung. Der Vertrag bildet den Handlungsrahmen der Biografie. Er könnte auch ein Forderungskatalog für eine bessere Welt sein. Die Biografie ist keine Utopie. Unser Geist und Wissen, unsere Erkenntnisse, Fähigkeiten und Möglichkeiten reichten locker aus, eine Gesellschaft im Sinne meiner biografischen Vision zu verwirklichen. Ein Kreuzchen kann die Welt verändern. Lasst euch überraschen!

Meinungsbeitrag eines Namenlosen

Die Liebe zum Tod

Am liebsten würde ich eines natürlichen Todes sterben. Ideal wäre es, wenn ich abends müde, zufrieden und gut gelaunt im Bett einschliefe und nicht mehr aufwachte. Ich vermute, so einen Tod wünschen sich viele Menschen.

Als Alternative und Lebenstrost könnte ich mir vorstellen, freiwillig aus dem Leben zu scheiden, wenn meine Zeit gekommen ist. Wenn ich des Lebens müde bin. Beispielsweise wenn ich dahinsiechen würde und nur noch durch fremde Hilfe überlebensfähig wäre. Wenn ich passiv und ohne Lebensfreude und -willen auf den Tod warten müsste. In diesem Zustand, noch voll bewusst, wäre mir ein Sterbeset willkommen, mit dem ich einen natürlichen Tod, gemäß meinen Vorstellungen, simulieren könnte. Vorbedacht sterben, ohne direkte Fremdhilfe, nach eigenem Wunsch und Willen.

Für ein gutes Gelingen wäre ich auch bereit, meinen Sterbewunsch mit Placebos zu trainieren. Also mich mit dem Ablauf durch Übungssterben vertraut zu machen. Einmal jährlich legte ich einen prophylaktischen Sterbetag ein und feierte am nächsten Morgen, vielleicht zum Geburtstag, meine Auferstehung. So würde der Tod zu einem Geschenk, dessen ich mich eines schönen Tages, ohne Willkür, erfreuen dürfte. Das verstehe ich unter einem würdevollen Leben und Sterben – das Leben gern zu leben, musst du darüber stehn!

Das Sterbeset sollte alles beinhalten, was ein Mensch für seinen Freitod braucht, einschließlich einer korrekten Anleitung. Ich möchte auf eine stolze Art sterben, wenn es mir nicht mehr möglich ist, auf eine stolze Art zu leben. Letztendlich ist jeder Tod ein Freitod. Die Lebenssubstanz ist verbraucht, der Mensch gibt sich auf. Der gewollte Tod ist somit nur ein vorweggenommener Freitod, um ein qualvolles Verrecken zu vermeiden. So gesehen ist ein reifer Freitod ein Ausdruck der Liebe zum Leben. Wenn ein Mensch schon seine Geburt nicht verhindern kann, sollte er wenigstens die Chance bekommen, nach eigenem Ermessen würdevoll sterben zu dürfen. Wem schadet denn ein Freitod? Welchen Nutzen hat die Gesellschaft von einem Menschen, der seines Lebens überdrüssig geworden ist, der mit seinem Leben abgeschlossen hat? Hat ein Ethikrat oder ein Pfarrer mehr Kompetenz, als eine bewusst handelnde Einzelpersönlichkeit? Wem gehört mein Körper, mein Leben? Ist es ethischer, einen jungen Menschen als Kanonenfutter in den Krieg zu schicken? Das ist aus meiner Sicht potentieller Totschlag, wenn nicht gar Mord. Der Soldat will bestimmt nicht sterben fürs Vaterland, sonst würde er nicht kämpfen! „Deutschland wird auch am Hindukusch verteidigt", sagte Bundesverteidigungsminister Peter Struck (SPD, 2002 bis 2005), um einen Militäreinsatz zu rechtfertigen, bei dem es hintergründig um eine Ölpipeline und Machtinteressen der so genannten Freien Welt ging. Deshalb stand die bundesdeutsche „Legion Klatschmohn" am Hindukusch und bewachte die Opiumfelder der Warlords, um sie bei guter Laune zu halten. Ab und an stürzte ein Militärhubschrauber ab, wegen Wartungsmängeln, oder ein Soldat trat auf eine Mine aus vergangenen Kriegen. Das nennt man dann Heldentod.

Das Wort zum Totensonntag

Liebe Parlamentarier und Parlamentarierinnen, es gibt in unserer schönen Bundesrepublik Bürger, die todkrank dahinsiechen und gerne nach ihrer Fasson sterben möchten, ohne irgendjemand anderen zu schaden. Sie wollen nichts weiter als das Recht, friedlich, schmerzfrei und schnell aus dem Leben scheiden zu dürfen, so wie es mit heutigen medizinischen Kenntnissen problemlos möglich wäre. Sie sind auch bereit, alle anfallenden Kosten zu tragen und ihr persönliches Anliegen als mündige, geschäftsfähige Bürger vorbeugend amtlich bestätigen und beglaubigen zu lassen. Doch das Recht auf einen Freitod in diesem Sinne wird ihnen in der Bundesrepublik verwehrt. Liebe Parlamentarier und Parlamentarierinnen, bitte erklären Sie uns, weshalb Sie unseren Sterbewunsch nicht erfüllen wollen. In Demut Ihre Bürger und Wähler.

Liebe Omas, Opas und Wähler, als wir jung waren, wollten wir die Welt verändern. Es klappte nicht, die Welt veränderte uns. Wir waren zu grün hinter den Ohren und wussten nicht, wie der Hase läuft. Nun wissen wir es und haben ein Faustpfand. Wir Alten stellen annähernd 40 Prozent der Wähler und können mit unserem Kreuzchen jede Partei in der Bundesrepublik küren oder abwählen. Mit unsrem Kreuzchen können wir die Welt friedlich verändern. Nehmen wir die Lebenshilfe als Anlass, die CDU und CSU abzuwählen. Es wäre ein Einstieg, eine kleine, friedliche Demonstration, nicht mehr. Staatspolitisch ist das Thema Lebenshilfe ein unbedeutender Winzling, allerdings mit faszinierender Sprengkraft. Dem Tod kann keiner entrinnen, bisher starben rund 100 Milliarden Menschen, gut 7 Milliarden leben derzeit noch. Auch von denen kann sich keiner vor dem Tod drücken. Der Freitod ist so alt wie die Menschheit, wir sollten ihn uns nicht verbieten lassen!

Die meisten Menschen haben einen so starken, natürlichen Lebenswillen, dass sie sich wie an einen Strohhalm an das Leben klammern. Deshalb ist der selbstbestimmte Freitod kein Risiko für die Gemeinschaft. Aber er kann eine Lebenshilfe sein. Die Gewissheit, über sein Leben jederzeit entscheiden zu können, vermittelt ein Gefühl von innerer Freiheit und Mut zum Weitermachen. Nach bisherigen Erfahrungen würden höchstens ein bis zwei Prozent der Bürger ihr Recht auf einen selbstbestimmtem Tod wahrnehmen. Erlösend für alle ist die Möglichkeit. Der eigentliche Gewinner wäre der soziale Friede, das Gefühl des Bürgers, respektiert statt bevormundet zu werden.

Wie traurig sieht die Wirklichkeit aus? Ist ein Bundesbürger erst einmal in einem Krankenhaus, einer Pflegeeinrichtung, einem Hospiz auf fremde Hilfe angewiesen, hat er keine Chance mehr, selbstbestimmt sterben zu dürfen. Nicht einmal eine Patientenverfügung hilft ihm, wie die Praxis belegt. Sie wird einfach nicht wahrgenommen, wenn der Betroffene nicht mehr geschäftsfähig ist, selbst wenn sie obenauf in der Krankenakte liegt. So ist das nun mal, leider.

Wer in Erwägung zieht, selbstbestimmt aus dem Leben zu scheiden, muss das abklären, solange er noch geschäftsfähig sowie geistig und körperlich handlungsfähig ist. Als Einstiegsinformation ist ein Beratungsgespräch mit einem Sterbehelfer zu empfehlen. Gegen Honorar, ähnlich wie ein privater Arztbesuch. Für den Ernstfall sollte man sich vorbeugend vormerken lassen. Sinnvoll wäre das Beschaffen eines, leider illegalen, Sterbeset mit Gebrauchsanleitung, das sicher und sachgemäß aufbewahrt wird. Ist das Verfallsdatum überschritten, wird das Sterbeset erneuert. Zu empfehlen ist das Einweihen einer vertrauten Person, die einem in seinem Sinne hilft und seine Interessen vertritt. All das ist insofern eine Lebenshilfe, weil das Selbstwertgefühl und die Selbstachtung bewahrt bleiben. Ich lebe bewusster und angstloser, weil ich weiß, dass ich jederzeit aus dem Leben scheiden kann.

Nachgesang

Liebe Mitbürger, wenn wir uns mehrheitlich den Dogmen von Kirchen, Parteien, Ärzteschaft und Juristen unterwerfen, müssen wir damit leben. Das ist das Demokratiegebot. Bestenfalls können wir uns illegal und heimlich aus dem Staub machen. Was bliebe uns anderes übrig? Nicht jedem ist es beschieden, Seele, Geist und Körper an der Garderobe einer Ideologie abzugeben und fremdbestimmt lächelnd, als glückliches Schaf beliebiger Götter, dahinzusiechen.

Es ist bestürzend, wie wir Bürger verschaukelt werden. Legal sterben zu dürfen, ist in der Bundesrepublik so gut wie ausgeschlossen. Das Wissen für einen humanen, selbstbestimmtem Freitod ist vorhanden, aber leider nur wenigen Eingeweihten zugänglich. Die Argumente der konservativen Parteien und der Kirchen haben Klapperstorchmentalität, da läuft einem eine Gänsehaut über den Rücken. Wo leben wir denn? Im Zeitalter der Dummologie? In einer pluralistischen Gesellschaft muss jeder Bürger sein Leben leben und seinen Tod sterben dürfen!

Keiner, der sich einen Hauch von Würde, Stolz und Anstand bewahrt hat, darf sich die Bevormundung, Entwürdigung und Entmündigung durch die Regierung bieten lassen. Wir haben es in der Hand, uns legal und friedlich, ohne großen Aufwand, zu wehren. Wählen wir die Parteien ab, die den Freitod verdammen und treten wir aus der Kirche aus.

Stürmt die Urnen!

Eure Tattergreisinnen und Tattergreise

P.S.: Ein Schlusswort aus dem Buch „Abschiedswalzer" von Milan Kundera: „Der Mensch sollte am Tag seiner Volljährigkeit ein Gift bekommen. Es sollte ihn in feierlichem Zeremoniell überreicht werden. Nicht damit er zum Selbstmord verlockt wird. Im Gegenteil – damit er in größerer Ruhe und Sicherheit leben kann." Auch bei unserem Dichterfürst Goethe hatte Faust ein Phiole Gift in seinem Studierzimmer.

Danksagung

Wir danken all unseren Informanten. Die meisten haben uns gebeten, ihren Namen nicht zu nennen, weil sie berufliche Nachteile und andere Probleme befürchten. Einige sind mit ihrem Einverständnis im Text namentlich genannt.

Literaturauswahl

Admiraal, Pieter und Boudewijn Chabot: Wege zu einem humanen selbstbestimmten Sterben. Amsterdam 2008 (vergriffen)

Arnold, Uwe Christian: Letzte Hilfe. Reinbek bei Hamburg 2014

Emmott, Stephen: 10 Milliarden. Berlin 2014.

Handschuh, Ekkehard: Gesetzgebung. Heidelberg 1985

Hesselberger, Dieter: Das Grundgesetz. Bonn 1995

Küng, Hans: Glücklich sterben? München 2014

Preisig, Erika: Vater, du darfst sterben. Biel-Benken 2014

von Schirach, Ferdinand: Die Würde des Menschen ist antastbar. München 2014

Wanke, Helga und Udo Wanke-Kreh: Kann denn Sterben Sünde sein? Norderstedt 2014

Protokolle des Deutschen Bundestags, 17. Wahlperiode, 211. Sitzung vom 29. November 2012 und 18. Wahlperiode, 66. Sitzung vom 13. November 2014

Zeitungen, Zeitschriften/Internet:
Elbe-Jeetzel-Zeitung, Altmark Zeitung, Hamburger Abendblatt, Frankfurter Allgemeine Zeitung; Der Spiegel, Die Zeit, Juristenzeitung, Ärzteblatt, Schriften Der Deutschen Gesellschaft für Humanes Sterben und des Humanistischen Verbands Deutschlands; Informationen zur Politischen Bildung: Grundrechte. Heft 187/1980